LA

PEINTURE SUR VERRE

AU 16e SIÈCLE ET A NOTRE ÉPOQUE.

RECHERCHES

SUR LES ANCIENS PROCÉDÉS

PAR L. CHARLES

On a pu remarquer, à l'Exposition universelle de Paris, en 1855, que la peinture sur verre y jouait un rôle douteux. La commission d'organisation ne savait d'abord où lui trouver sa place. Repoussée des beaux-arts, classée parmi les produits de l'industrie, elle rappelait, dans son vaste palais, ces exilés sur la terre étrangère, à peine aperçus de ceux parmi lesquels les sort les a jetés. Il faut bien reconnaître aussi que, parmi les vitraux qui figuraient à l'Exposition, on ne rencontrait rien de saisissant et de capital, pour relever cet art mixte aux yeux des indifférents; rien qui pût séduire la foule et l'enlever à la contemplation des merveilles d'un autre ordre qu'elle y venait chercher. Sans doute ces verrières, malgré leur nombre, ne devaient pas donner une idée complète de l'état actuel de la peinture sur verre et de son avancement. Il est probable que toutes les écoles n'étaient pas représentées; car les dangers que courent en voyage ces fragiles tableaux ont dû arrêter plus d'un artiste craignant pour son œuvre et soigneux de sa conservation. Cependant l'exhibition était suffisante pour

faire constater qu'il y a une énorme différence entre la manière
dont les écoles comprennent l'art et la pratiquent. Les unes
imitent les spécimens les plus anciens avec un scrupule poussé
dans ses dernières limites; tandis que d'autres, qui ne veu-
lent relever que d'elles-mêmes, se lancent dans l'innovation
radicale, et tirent tout de leur propre fonds. Il en est encore
qui font de l'éclectisme à leur façon, et qui, pour concilier les
styles et les époques,

Mêlant tout, brouillant tout, font un art à leur mode.

Ceux-ci ressemblent aux poètes italiens de la renaissance,
qui chargeaient *les dieux immortels* de veiller sur les jours
de Sa Sainteté.

Evidemment l'art cherche sa voie, et ne l'a pas encore trou-
vée. Il erre à l'aventure, faute d'avoir un guide et une règle.
Et pourquoi n'en choisit-il pas dans son passé? La peinture
sur verre n'est pas née hier; elle avait eu, avant ce siècle,
une longue et brillante existence dont on peut suivre le cours
et étudier la marche avec fruit.

Ces considérations, que l'Exposition de 1855 avait ren-
dues plus évidentes, eussent donné peut-être un intérêt d'ac-
tualité à mon travail, s'il eût paru plus tôt; mais ce qui était
vrai alors l'est encore aujourd'hui : plusieurs années n'ont
rien changé à la situation.

Ce n'est point un traité complet que je présente; ce sont de
simples observations dont les unes s'adressent à tout le monde,
et dont les autres, plus techniques, conviendront mieux à des
gens spéciaux. Si ces dernières offrent quelque précision et
quelque exactitude, nous le devons à l'obligeance de M. E. Guéranger, du Mans, dont la science en chimie, en histoire naturelle et en géologie, est connue. M. Guéranger a bien voulu
prendre connaissance de ce travail, et nous indiquer les cor-
rections à faire. Nous lui en exprimons ici nos remercîments.

J'ai divisé cette note en plusieurs sections où les renseignements deviennent moins généraux et se précisent graduelle-

ment. Peut-être y trouvera-t-on quelques répétitions, et juge-ra-t-on que je reviens souvent sur un certain sujet, *la supério-rité de la méthode ancienne*; mais comme c'est la base de mon travail, et qu'elle peut rencontrer des contradicteurs, puisque c'est l'opinion contraire qui semble avoir prévalu parmi les verriers, on me pardonnera d'accumuler les arguments et même de les reproduire quelquefois.

CHAPITRE I.

Importance de la pratique dans l'art; insuffisance de la théorie. Nécessité, pour les verriers modernes, d'utiliser l'expérience de leurs devanciers.

On croyait, il y a peu de temps encore, que le secret de la peinture sur verre était perdu, et vraiment ce n'était point sans apparence de raison que cette opinion s'était accréditée. On n'exécutait plus de nouveaux vitraux, par impossibilité com-plète de le faire; on ne réparait pas les anciens, par le même motif; il n'existait pas un seul verrier, et personne ne savait quels procédés les peintres du moyen-âge avaient employés pour produire ces œuvres dont parfois on s'étonnait encore lorsqu'on s'avisait d'y jeter les yeux.

Quelques savants peut-être n'ignoraient point qu'un oxyde métallique inaltérable au feu, incorporé à la pâte du verre, ou fixé à sa surface par le moyen d'une substance vitrifiable, devait être le principe des colorants; érudits, antiquaires, bibliothécaires, dont la mémoire est le répertoire de la science du passé, pouvaient savoir encore qu'un petit nombre d'ouvages anciens éclairciraient la question, s'ils étaient con-sultés. C'était quelque chose, sans doute; mais de ce germe qui, plus tard, de vaitfaire revivre la peinture sur verre, à son développement complet, il y avait un abîme. Bien des raisons motivaient donc la croyance populaire et l'avaient fait naître. Nous verrons tout à l'heure comment elle ne portait point entièrement à faux. Il est rare, en effet, qu'une opinion aussi généralement admise n'ait pas quelque fondement.

Au reste, ce n'était point chose nouvelle que cette idée; elle

n'était point, elle n'avait jamais été l'apanage exclusif des igno-
rants. Au xviii° siècle, celui qui avait le mieux étudié la peinture sur verre, qui l'aimait autant que nous et la connaissait
mieux, Levieil regrettait amèrement que les artistes les plus
habiles, ceux qui avaient mis en œuvre les recettes les plus
précieuses, les pratiques les plus parfaites, eussent emporté
leur secret dans la tombe. Levieil ne peut être suspect de
partialité, ni taxé d'exagération, car son intérêt était directement opposé à l'aveu qui lui échappait. Il se proposait, par son
grand ouvrage, de ressusciter la peinture sur verre, et voulait
en fournir les moyens, en exposant longuement ce qu'il connaissait sur la matière. Cependant il ne pouvait s'empêcher de
reconnaître que les meilleurs verriers étaient morts avec leur
secret, et qu'il n'était donné à personne de les faire revivre
au premier appel.

C'est qu'il y a deux choses inséparables dans l'art : la théorie et la pratique ; deux sœurs qui doivent marcher en se prê-
tant un mutuel secours, comme ces divinités que, par une
fiction touchante, le paganisme ne montrait jamais qu'appuyées
l'une sur l'autre. La théorie est le germe que l'expérience
féconde, que la pratique developpe, et qu'elle fait fructifier
d'une manière surprenante. Il ne suffit pas de connaître des
procédés et des recettes, il faut aussi savoir les employer; et
pour les mettre en œuvre avec succès, l'expérience, qui naît
d'une longue suite d'essais, est indispensable. Croit-on, par
exemple, qu'on arriverait immédiatement, sans maître, sans
tâtonnement, et à l'aide des seuls renseignements théoriques, à
produire des bronzes, des cristaux, des tapis pareils à ceux que
nous fournit l'industrie moderne? Evidemment non ; il
faut (1) pour que de tels résultats soient obtenus, il faut les

_____

(1) M. F. de Lasteyrie, dont la savante spécialité et l'autorité en matière
de peinture sur verre sont incontestables, démontre cette vérité d'une
manière frappante, dans un récent ouvrage, en prenant pour exemple l'art,
si connu et si simple en apparence, de teindre et de tisser les laines et la
perfection où la manufacture des Gobelins l'a porté.

enseignements d'une longue pratique, enseignements qui se complètent de génération en génération. C'est dans cette chaîne traditionnelle que l'art réside : dès qu'elle est interrompue, l'art redescend presqu'à son berceau.

Or, l'extinction prolongée des fourneaux des verriers, l'abandon complet de leur industrie durant longues années ont eu précisement pour résultat d'interrompre la chaîne des traditions qui se perpétuait dans l'atelier, de père en fils, de maître à élève, et, par suite, de ramener l'art à son point de départ. Il est resté en plus, si vous voulez, les ouvrages des technologistes, qui ont écrit plus ou moins explicitement sur la matière; mais ces ouvrages ne sont pas plus la peinture sur verre, que la Réthorique n'est l'éloquence, et la Grammaire, le beau langage. L'art résidait dans la personne des verriers, comme l'éloquence dans les orateurs ; ceux-là morts sans être remplacés, même par des successeurs indignes, on a pu croire et jusqu'à un certain point avancer avec raison que leur secret était perdu : et il l'a été si réellement que nos modernes artistes ont dû créer une technique nouvelle qui emprunte peu de chose de l'ancienne, et diffère notablement de celle du xvıᵉ siècle. Comme la peinture sur verre offre beaucoup d'analogie avec la peinture sur porcelaine et que celle-ci n'a jamais cessé d'être cultivée, on a, par une tendance naturelle, adapté à la première, lors de sa résurrection, les procédés propres à la seconde. Les verriers comprendront facilement mon assertion, sans qu'il soit besoin d'entrer en plus de détails.

Mais, dira-t-on, comment se fait-il qu'on n'ait pas su tirer plus de fruit des documents précieux qu'on avait entre les mains? Cela serait inexplicable en effet, si l'on ne voulait pas admettre que les données théoriques sont peu de chose, et qu'il est bien difficile de les traduire en faits lorsqu'on ne peut compléter les indications qu'elles contiennent, et se renseigner, au moins pour le début, auprès d'hommes spéciaux. Un mot de de ceux-ci vous tirerait d'incertitude et vous mettrait sur la voie, dans les cas difficiles ; mais si leurs explications et leur exemple vous manquent, le moindre obstacle vous arrête. C'est que les traités techniques, même ceux qui nous semblent les plus clairs à la lecture, ne le sont jamais assez quand on se met à l'œuvre. Tant de choses font défaut dans une description, quand elle n'est pas commentée de vive voix, selon les circonstances et au gré des auditeurs! Or, à la peinture sur verre passée à l'état de curiosité savante et contenue dans les ouvrages de Félibien ou de Levieil, il manque un interprète, lequel d'avance devrait être un verrier : cercle vicieux dans lequel il faut tourner!

Pour nous convaincre combien les détails techniques deviennent obscurs avec le temps, reportons-nous un instant vers l'objet de nos premières études, l'histoire ancienne. Que sait-on de précis sur l'industrie des Grecs et des Romains, sur leurs arts, et pourtant que de choses sur lesquelles ils nous ont laissé des documents! Homère, le plus savant et le plus positif des poètes, abonde en détails dont il nous est difficile de profiter, parce que nous ne comprenons pas les premiers éléments de la question, la langue même dans laquelle elle est traitée: on sait qu'il est encore incertain quels termes, en grec, distinguent l'airain, le cuivre et le fer. Je cite ce fait, parce qu'il est saisissant, et cependant sans remonter si haut dans les âges, on pourrait en trouver d'analogues plus près de nous. Les langues se modifient ; les mots disparaissent avec les objets qu'ils nommaient, et lorsque plus tard le besoin force d'exhumer ces vieux mots, on ne sait plus ce qu'ils signifiaient.

L'ensemble de ces considérations un peu longues prouvera suffisamment que l'art ne gît point dans la spéculation, mais bien plutôt dans la pratique, et s'il n'est point entièrement à inventer, toutes les fois que celle-ci a été longtemps suspendue, il est au moins en grande partie à retrouver. Ce n'est point, comme les mathématiques, une science exacte, indépendante des temps et des individus, pouvant se renfermer dans un livre : l'adresse, l'habitude, le métier concourent à sa perfection, qui n'est que le fruit des travaux et des essais réunis d'une suite

d'individus qui se transmettent leur talent par la démonstra-
tion et l'enseignement de l'exemple. Ainsi les verriers du
XIXᵉ siècle doivent travailler avec patience et en vue de leur
successeurs.

Cependant il est pour eux, ce me semble, un moyen d'abré-
ger le temps d'épreuves et de préparation. C'est d'étudier,
en s'aidant des renseignements qui sont fournis par les technologistes, les plus beaux vitraux encore existants, afin de
saisir le secret de leur exécution pour le mettre à profit.
Cet examen peut s'exercer avec fruit sur les monuments de
toutes les époques, même les plus anciens, puisqu'on ne peut
les imiter qu'en les copiant exactement, servilement, et qu'il
n'y a, dans ce genre, rien de satisfaisant qu'une reproduction
identique. Toutefois j'avoue que je me préoccuperai particulièrement ici du genre qui admet la perfection du dessin et
toutes les ressources de l'art, c'est-à-dire de celui qui me
paraît le plus en rapport avec nos habitudes et nos idées ; or,
c'est au XVIᵉ siècle que je le trouve. Je sais bien que les *vitraux-
tableaux* de la renaissance sont, sous le rapport de la coloration, inférieurs à ceux du XIIIᵉ siècle : que leur effet d'ensemble est moins satisfaisant, surtout à distance ; et si, comme il
n'est guère permis d'en douter, la vitrerie des églises ne
doit être que de la décoration, le XIIIᵉ siècle a encore ici l'avantage. Cependant on ne peut nier que les productions de la
renaissance ne soient le fruit d'un art beaucoup plus avancé ;
que, vus de près et individuellement, les tableaux de ses
artistes ne satisfassent davantage le spectateur moderne que
le dessin un peu rude de notre première école de verriers.
Enfin ils sont le dernier mot de la peinture sur verre, et la
plus grande extension qu'elle comporte, et puisque je n'ai
en vue dans ces notes que le côté matériel de l'art,
le métier et les procédés, il est tout naturel que je m'at-
tache de préférence à l'époque où ils ont été les plus
parfaits.

Si donc nous examinons ces derniers monuments, Félibien

ou Levieil à la main (1) ; si surtout nous expérimentons avec persévérance et avec foi les mystérieuses recettes que ces auteurs nous ont dévoilées, nous avons chance d'arriver plus vite à produire des œuvres semblables, soit dans la grande peinture, soit dans la miniature à émaux, genre que les maîtres du xvɪᵉ siècle n'ont point dédaigné. Je pense qu'il faut plus compter sur cette étude pour le perfectionnement des matériaux nécessaires aux verriers, que sur la chimie moderne, et qu'il ne faut pas faire trop de fonds sur les progrès de cette science. Sans doute elle en a fait d'immenses depuis les Courtois, les Pinaigrier, les Cousin, c'est-à-dire depuis l'époque de François Iᵉʳ. Elle est arrivée à un degré de perfection tel, qu'elle est au-dessus des éloges, et peut entendre la vérité sans s'en trouver blessée : car elle est assez riche du présent pour ne pas envier au passé sa part de gloire. Aussi constaterons-nous tout haut que les anciens possédaient, soit pour la composition des émaux colorants, soit pour la coloration du verre lui-même, des connaissances suffisantes, — leurs vitraux en sont la preuve, — et que nous n'avons aujourd'hui, et de longtemps encore, autre chose à espérer que de pouvoir les égaler. Qu'on ne croie point que la multiplicité des nuances, les variantes dans les gammes des tons soient nécessaires pour la peinture sur verre : il ne lui faut qu'un petit nombre de couleurs, se faisant valoir réciproquement, brillant côte à côte en bonne harmonie, et c'est à les avoir nettes qu'il faut s'attacher. Cela est vrai, non-seulement pour les grands tableaux, mais aussi pour les miniatures ; il faut pour celles-ci des émaux dont l'ensemble soit harmonieux : or, la palette des vieux artistes, tout en étant assez riche, remplissait parfaitement ce but. Il n'y a besoin que de la retrouver. C'est pour cette recherche que nous réclamons l'aide de la chimie. Nous la chargerons d'être l'interprète des technologistes, et d'expli-

(1) Félibien, *Principes d'architecture*, pages 253, édit. 1690.

L'art de la peinture sur verre et de la vitrerie, par feu M. Levieil. MDCCLXXIV.

quer ce que leurs recettes ont d'obscur. C'est ainsi, en prenant son point de départ dans le passé, qu'elle nous rendra
de véritables services. Sans doute, elle est capable de trouver
des principes colorants seule, et sans avoir recours aux renseignements diffus des anciens ; mais elle ne considérerait
les couleurs qu'au point de vue théorique et absolu, et nous
ne pouvons oublier que les autres s'en sont occupés dans
un but spécial et pratique. Ils les composaient pour les besoins
de l'art en particulier, ce qui est bien différent. C'est sous ce
rapport que les documents émanés de gens spéciaux, des verriers, sont importants, et qu'il faut se garder de les
négliger.

On paraît cependant ne leur accorder que peu d'attention,
et l'on s'excuse encore du médiocre intérêt qu'on leur prête,
en pensant que lors même que ces ouvrages n'existeraient
pas, la science de l'analyse retrouverait certainement les
éléments essentiels des couleurs. C'est possible ; mais est-ce
bien là tout ce qui constitue la peinture sur verre, et même
tout ce qui constitue la couleur ? La manipulation des substances n'est-elle donc rien pour le résultat définitif, et l'analyse
qui doit découvrir la composition de l'émail reconnaîtra-t-elle
aussi le secret de la manipulation ? Quelques-unes des prépa-
rations indiquées dans Félibien et dans Levieil—et ce sont les
plus importantes — sont tellement singulières, tellement empi-
riques, qu'il est permis d'en douter ; il serait au moins témé-
raire de compter sur leur découverte immédiate, si personne
ne les avait décrites.

Outre les recettes des couleurs, les vieux auteurs nous donnent aussi le moyen de s'en servir, en un mot la méthode
complète. Leurs livres sont comme des ateliers où l'élève peut
apprendre à surmonter les difficultés matérielles du métier, et
ce n'est point une chose à dédaigner que la connaissance des
procédés les plus sûrs et de la pratique la plus avantageuse.
Cependant combien peu de verriers modernes se sont mis
en peine de choisir les meilleurs et ont acquis, sur ce sujet, une

véritable expérience ! C'est un tort qu'ils partagent avec leurs
confrères les peintres à l'huile, tort qui a fait faire à un auteur
contemporain les réflexions suivantes, que nous reprodui-
sons parce qu'elles conviennent aussi parfaitement aux uns
qu'aux autres :

« Avant de produire, les peintres flamands et hollandais se
«. condamnaient à un long et laborieux apprentissage, et aucun
« d'eux n'eût songé à quitter l'atelier du maître avant de
« savoir son métier, c'est-à-dire avant de posséder à fond cer-
« tains procédés techniques, quant au clair obscur et au colo-
« ris, procédés que nous retrouvons toujours les mêmes, à
« fort peu d'exceptions près, dans tous les tableaux, bons ou
« mauvais, des artistes néerlandais. L'emploi de procédés
« uniformes, traditionnels, invariables, diminuait les difficul-
« tés matérielles. Le métier n'était plus, pour l'artiste, qu'une
« sorte d'instrument dont il jouait comme il l'entendait. Aujour-
« d'hui cette première éducation de l'atelier est à peu près
« nulle ; au lieu de se servir de moyens connus et communs à
« tous, l'artiste tâtonne, et cherche de nouvelles combinaisons.
« On perd ainsi, à fabriquer l'instrument, le temps que les
« artistes hollandais et flamands mettaient à s'en servir;
« et, d'ordinaire, comme cet instrument est incomplet,
« on s'en sert mal et on en joue faux. Le nombre des
« peintres sachant peindre est plus rare qu'on ne saurait le
« croire (1). »

CHAPITRE II.

Méthode employée pour peindre sur verre au xvıe siècle et au xvııe. Recettes et procédés
des verriers.

La pratique de la peinture sur verre était arrivée, vers le
milieu du xvıe siècle, à un haut degré de perfection. Alors les
verriers, riches de l'expérience des âges précédents, compo-

(1) *Études sur les Beaux-Arts*, par M. F. B. de Mercey. Paris, Arthus
Bertrand.

saient de véritables tableaux éclatants de couleur (1) et d'un aspect saisissant, où la science du dessin et les règles de la composition ne faisaient plus défaut. La grande peinture ne les occupa point exclusivement. On sait que ces charmantes miniatures sur verre blanc, si recherchées des amateurs aujourd'hui, et dans lesquelles la finesse de l'exécution s'allie à l'harmonie des tons et à la vivacité des émaux, sont leur ouvrage (2).

Aussi est-ce dans cette période, voisine de la décadence, il est vrai, mais comme le Capitole l'était de la roche Tarpéienne, pour me servir du proverbe romain, c'est là qu'il faut chercher ce que nos pères ont produit de plus avancé en fait de peinture sur verre. Je me place ici, comme précédemment, au point de vue de la technique, et je fais, de plein gré, toutes réserves en faveur des droits de l'archéologie; je parle toujours de l'exécution matérielle, et je laisse de côté l'appréciation des styles, terrain brûlant sur lequel il n'est pas bon de se placer. Mais, sans choquer de légitimes affections et de respectables préférences, on peut reconnaître que les artistes du XVIe siècle, venus les derniers, ont dû, sous le rapport que j'indique, déployer une habileté supérieure, suite naturelle de leur ordre de date; on peut dire encore que les œuvres des Pinaigrier et des Cousin, des maîtres de cette période, sont, en ne considérant que la perfection de l'exécution, la plus haute expression du talent des vieux verriers. Ceci posé, ne semble-t-il pas logique, maintenant que la peinture sur verre, longtemps négligée, semble reconquérir la faveur qu'elle était digne de conserver toujours, ne semble-t-il pas logique que ceux qui s'y adonnent prennent pour point de départ l'état où les maîtres l'ont laissée, cherchant à les imiter et surtout à surprendre le secret de leur méthode? Car celle-ci a donné des

(1) Les artistes du XVIe siècle s'étant aperçus de l'abus qu'on avait fait précédemment du verre blanc pour les dais et les pinacles, en restreignirent l'emploi dans leurs vitraux, où les monuments sont souvent d'un ton de convention qui fait l'effet d'un fond coloré.

(2) De petits vitraux à émaux portent la date de 1535.

résultats satisfaisants, qu'on arriverait certainement à reproduire avec elle. Ce n'est pourtant point ce qu'on a fait. Sous prétexte de la supériorité de la science moderne et des progrès de la chimie, on a rompu avec le passé, répudié sa technique et inventé des procédés, un art tout neufs. On a erré un peu à l'aventure, et perdu du temps sans grand profit, pour avoir eu la prétention de faire mieux que des verriers qui ont dû profiter de quatre cents ans d'essais. Combien il eût été plus sûr de chercher à les égaler, avant de prétendre les surpasser, et puisqu'on avait perdu les premières notions de l'art, d'aller humblement à leur école !

Pour ce qui est de la composition des émaux, nous pouvons sourire de l'ignorance de nos pères en théorie, et de la naïveté de leurs recettes, mais il est dangereux de se passer de leur expérience et de dédaigner leur spécialité pratique. Que la chimie connaisse mieux les corps, qu'elle compose des oxydes plus purs que ceux dont on se servait autrefois, nous ne le nions pas; mais nous n'userons pas toujours de ses produits. Entre les substances naturelles, telles qu'on les employait jadis, et celles qu'on obtient artificiellement ou que l'on perfectionne aujourd'hui, la différence, comme couleurs, est grande. Combien de couleurs, en effet, dont la chimie ignore encore le principe ! C'est qu'il y a sans doute, dans certains corps naturels, un élément minime qui passe inaperçu, mais que la science future pourra découvrir, élément qui a pour l'usage auquel nous les destinons une importance capitale. Aussi quand les anciens nous donnent une recette singulière, gardons-nous de la rejeter à une cause de sa singularité, et avant de la juger en dernier ressort, éprouvons-la dans son intégrité et de bonne foi : nous y trouverons toujours plus de sens après l'épreuve. En effet, cette recette est le fruit de nombreux essais, et la science spéculative n'eût peut-être pas songé aux précautions dont l'expérience a démontré la nécessité. Mais il faut mettre, dans ces sortes d'opérations, du discernement et de l'intelligence : on écrivait autrefois pour

— 13 —

son temps, et certaines particularités importantes sur lesquelles l'auteur a passé légèrement, parce qu'alors elles étaient de toute évidence, sont devenues presque des énigmes dont il faut trouver le mot pour réussir.

Je reviens à mon sujet. Je disais que les nouveaux artistes, en ressuscitant la peinture sur verre, n'avaient pas eu assez de confiance dans les travaux de leurs devanciers, et peut-être eût-il fallu de plus grands succès pour les absoudre de tout reproche. Il est permis de craindre que les œuvres modernes mises en présence des anciennes, de celles du XVIᵉ siècle, par exemple, puisque pour le moment nous y concentrons notre attention, ne soutiennent difficilement la comparaison. Ce qui frappe surtout dans ces dernières, c'est à la fois la transparence et la solidité de ton des carnations, et généralement de tout ce qui est peint sur verre blanc. Il y a harmonie entre les verres teints en pâte et les fragments peints en apprêt. Lorsqu'on examine les carnations à la lumière réfléchie, c'est à peine si l'on découvre, sur la surface du verre, la trace des émaux appliqués. Ils ne sont pas sensibles au toucher, et ce n'est que sur le ciel que le fragment peint fait voir sa puissante coloration due à une pellicule imperceptible. Dans les essais modernes, au contraire, l'émail rouge, le ton de chair, est très-visible à la surface de l'excipient : son aspect rougeâtre s'atténue singulièrement, tourne au brun sur le ciel, et toute la peinture superficielle, celle qu'on fixe au feu de moufle, a un aspect terreux qu'elle n'avait point autrefois. Certaines fabriques ont bien cherché à changer leurs couleurs de demi-fusion en émaux véritables ; pour cela elles n'emploient que des substances complétement vitrifiables, et fondent toutes leurs couleurs au creuset avant de s'en servir. Mais si elles obtiennent ainsi une grande solidité pour leur peinture d'apprêt, celle-ci n'a plus la netteté de l'ancienne ; elle est laiteuse et pâteuse.

Ce n'est point le seul avantage que le XVIᵉ siècle ait sur le nôtre dans la pratique de la peinture sur verre. Lorsque l'on compare le prix de revient, en 1533 environ, avec le prix actuel, en tenant compte de la valeur relative de l'argent, on est surpris de l'énorme différence que le dernier présente en plus, tandis que les salaires des ouvriers se sont maintenus à peu près au même taux. J'ai établi ce rapport dans un travail spécial (1); mais pour ne donner lieu à aucune erreur en laissant trop généraliser les renseignements de toute nature qu'on y rencontre, je dois faire remarquer que mes recherches ont porté sur l'atelier de la Ferté-Bernard et sur les documents qui s'y rattachent. Cependant, comme la peinture sur verre était dans les mêmes conditions là que dans de plus grands centres de l'art (les résultats identiques fournis par des ouvrages bien autrement importants en font foi), il n'y a pas grand inconvénient à accepter les rapports que j'y établis.

Le boisseau de menu grain, qui coûtait 6 sols tournois, terme moyen de plusieurs années, vers 1533, vaut maintenant 3 fr. 60 cent. environ, *douze fois* davantage. Ainsi des tailleurs de pierre de l'église de la Ferté qui recevaient 2 sols 6 deniers, et 5 sols par jour, seraient payés aujourd'hui à raison de 1 fr. 50 et 1 fr. 80 : c'est encore le prix ordinaire de la localité, à peu de chose près. Il est donc juste de dire que le salaire des ouvriers de ce métier a peu changé. Il n'en est pas de même pour les vitraux ; on va le voir. Le mètre carré coûtait 6 livres 10 sols, sans y comprendre l'armature en fer, ce qui équivaut à 76 ou 78 fr. de notre monnaie. Or, je ne pense pas que pour ce prix, ni même pour le double, les verriers modernes, avec leurs procédés lents, puissent donner un mètre de peinture exécutée dans les mêmes conditions et avec le même talent. Evidemment on se servait au xvie siècle d'une méthode plus expéditive que la nôtre, méthode bien préférable encore à celle-ci, si l'on n'examine que leurs résultats, sans tenir compte de l'économie que la première réalise. Ces faits devront nous amener à tenir en haute estime la technique

(1) Notice sur l'atelier de Verriers de la Ferté-Bernard à la fin du xve siècle et au xvie.

des vieux verriers, et à tenter de la rétablir aussi complète-
ment que possible. Si ce résultat était atteint, l'art trouverait
peut-être sa véritable voie. Car ce qui est arrivé à la peinture
sur verre, depuis 200 ans, c'est, permettez-moi cette ambitieuse
comparaison, comme cette invasion de barbares qui fit table
rase en Europe, il y a quinze ou seize cents ans : les barbares
ont passé et ont détruit. Pour réparer les désastres, il s'agit
de renouer à son dernier anneau la chaîne de l'art interrompue, pour la prolonger dans l'avenir. Il est plus sage de rechercher ce dernier anneau que de recommencer entièrement la
chaîne.

Je donne ci-après le résultat de recherches dans les ouvrages qui traitent de la matière, et d'essais pour éprouver la valeur
des renseignements qu'ils fournissent, renseignements que l'examen des anciens vitraux aide puissamment à comprendre.

On peint généralement à l'essence aujourd'hui, soit immédiatement sur l'excipient, soit sur un à-plat de couleur à la
gomme. L'emploi de l'essence est conseillé dans un traité
anglais du xviiie siècle, que Levieil a traduit et inséré en grande
partie dans son ouvrage, traité qui paraît être encore suivi
en Angleterre. Or, l'on sait que c'est de ce pays que nous sont
venues, vers la fin de la Restauration, les premières notions de
l'art. Les anciens peignaient à la gomme; mais on a cru que
celle-ci n'était qu'un moyen d'appliquer les tons sur le verre,
et de les y retenir provisoirement avant la cuisson. Aussi
lorsqu'on y substitua l'essence qui fixe la couleur plus solidement et qui permet, on le croit du moins, des retouches plus
fréquentes et plus répétées, s'est-on imaginé avoir fait faire
à la technique en véritable progrès. C'était bien à tort; car la
gomme, dans l'ancienne méthode, n'est pas seulement un mode
d'application, c'est un élément essentiel pour tous les émaux,
élément presqu'aussi nécessaire, dans ceux formés par les
oxydes de fer, que le principe colorant lui-même. Or, je ne
pense pas que ceux qui se servent de la gomme aujourd'hui,
s'il y en a, l'aient considérée sous ce point de vue, et en sachent

tirer le même parti qu'autrefois. C'est à elle que le ton de chair ou *carnation*, que les rouges, les bruns, les gris d'application doivent leur transparence et leur puissance. Supprimez la gomme dans les recettes du xvie siècle et du xviie, remplacez-la par l'essence, et vous n'aurez que les carnations modernes terreuses et opaques, même en conservant dans la composition de l'émail tous les éléments colorants. La gomme, je ne saurais trop le répéter, est une partie intégrante de la couleur ancienne. Elle agit par sa viscocité, en retenant les parties les plus finement divisées, et ne permettant qu'aux parties grossières de se déposer. Broyez finement un émail à la gomme, et deposez-le assez clair dans un vase étroit affectant la forme d'un cône renversé, vous verrez la partie la plus ténue, la quintessence, monter en dessus, se tenir sur la masse broyée, et y produire une sorte de teinture merveilleuse qui, étendue sur le verre et couchée en à-plat, lui donne presque la puissance de coloration des fragments teints en pâte. C'est ainsi, du reste, qu'on procédait autrefois. La partie la plus fine, la plus subtile de la couleur de *carnation*, ainsi préparée, fournissait l'à-plat ou ton local ; ce qui restait au fond du vase donnait le ton d'ombre, qui n'a pas besoin d'autant de transparence. Ainsi sont peintes les chairs dans les vitraux du xvie et du xviie siècle.

Une autre précaution est encore indispensable pour la qualité de la couleur : on doit la broyer aussi fin que possible. Il est trop facile de saisir le motif de cette prescription et l'effet qu'elle produit, pour qu'il soit nécessaire de s'y arrêter plus que je ne fais. Cette recommandation ne fait faute dans les anciens traités, et, pour ceux qui n'en ont point senti l'importance, elle doit y paraître poussée jusqu'à l'exagération.

Broyer à la gomme et broyer très-finement les couleurs formées par les oxydes de fer, tel est le point capital dans la vieille méthode et le secret des beaux résultats qu'elle a donnés. Voilà pour le mode de préparation. Quant à leur application sur le verre, la viscosité de la gomme me semble suffisante pour qu'on puisse peindre avec facilité, et l'adhérence assez forte, lorsque le ton est finement broyé et convenablement gommé, pour que l'on puisse, avec un peu d'adresse et d'habitude, retoucher autant de fois que cela est nécessaire; mais il faut, pour écarter le danger d'enlever les premières couches, que celles-ci soient bien sèches. Au reste, je reviendrai sur ce point en son lieu, et sans plus m'étendre en des généralités, j'aborde les détails.

La peinture sur verre, au xvie siècle, se divise en deux genres simultanément cultivés : la grande peinture, celle des vitraux d'église où les plombs réunissent des fragments la plupart colorés en pâte, sur lesquels on trace l'esquisse et les ombres; et la peinture de chevalet, qui comprend les *vitraux émaux* et toutes les miniatures peintes sur une feuille de verre blanc de peu d'étendue. Pour la première on se se sert d'un petit nombre de couleurs; le jaune d'application, les oxydes de fer et quelque fois un blanc d'os suffisent, puisque les autres tons sont fournis par le verre teinté; mais pour les seconds, la palette de l'artiste doit être plus riche. Elle se charge, en outre, du bleu de cobalt, du violet de manganèse, du vert de cuivre, c'est-à-dire des nuances qui remplacent le verre teinté des verrières. On comprend que l'exécution de ces petites pages demande des soins particuliers et une méthode spéciale; aussi en ferai-je l'objet d'un paragraphe particulier.

§ I

Vitraux d'Église.

Des trois émaux nécessaires pour ce genre, le noir, le ton de chair ou carnation et le blanc (car le jaune sort des règles communes et doit être classé séparément), le premier est le plus employé, et doit être préparé avant tout. Il se compose de battitures de fer noires et brillantes, ramassées sous l'enclume des maréchaux, et de fondant, en proportions qui varient de 1 1|2 à 2, mais que l'expérience et la spécialité du

2

travail déterminent. Plus il y a de fondant dans la couleur, plus elle pâlit au feu. Ainsi les anciens, qui *ne cuisaient qu'une fois*, n'en mettaient qu'une quantité à peine suffisante pour fixer l'émail. Quelquefois on mêlait au fer des écailles de cuivre oxydé, en quantité suffisante, pour l'empêcher de rougir après la cuisson, mais pas assez pour lui donner une teinte bleuâtre et froide. Souvent aussi on remplaçait avec avantage le cuivre par un peu de noir de fumée, qui paraît avoir la propriété de rendre le protoxyde de fer (les battitures) plus fixe, et l'empêcher de passer à un degré d'oxydation supérieur, par l'effet du feu qui le rend rougeâtre.

Mais, de quelque manière qu'il fût préparé, on le broyait finement sur un *plateau de cuivre*, avec une *molette d'acier*, jusqu'à ce qu'il eût pris un *œil jaunâtre*, ce qui n'arrive qu'après un travail excessivement long. On le séchait alors, et on le conservait pour l'usage. Si on voulait l'employer immédiatement, on ajoutait, vers la fin de la trituration, une certaine quantité de gomme arabique que la pratique indiquait, et quelques grains de sel ; puis on déposait la couleur assez épaisse dans le *plaque-sein*, petit bassin ovale ou rond de cuivre ou de plomb. La couleur étant enlevée de la platine, on nettoyait cette dernière en broyant dessus, avec de l'eau, un peu de gomme et quelques grains de sel. L'émail resté sur la platine, délayé par le liquide gommé, formait une espèce de lavis destiné à recouvrir la couleur dans le plaque-sein, et à la tenir dans un degré de liquidité suffisant pour qu'on puisse l'employer. C'est ce lavis, qu'on renouvelait sitôt qu'il était épuisé, qui donne, dans les anciennes grisailles, des demi-teintes d'une si grande ténuité.

Le fondant des anciens était très-dur au feu, parce qu'ils peignaient sur un excipient très-réfractaire. Ils se servaient, pour cet usage, des petits grains jaunes et verts ou *patenôtres*, qui formaient les chapelets, de verre verdâtre, de glace de Venise. Ils réduisaient en poudre très-fine toutes ces substances, qu'ils désignaient sous le nom de *rocaille*. Ils l'ont aussi composée de toute pièce, cette rocaille, dont ils usaient comme fondant, mais sans doute plus tard, avec du sable et du minium (1) ; et ils augmentaient la dose de cette dernière substance, quand ils voulaient obtenir un fondant plus tendre. Pour nous, qui nous servons d'un verre bien moins résistant au feu que l'ancien, nous avons dû, tout en conservant le minium dans notre fondant, remplacer encore le sable qui y entrait par un silicate, le cristal ou le flint-glass.

Le noir était employé pour ombrer, et d'abord pour calquer l'esquisse du vitrail sur le verre. Cette esquisse, convenablement séchée, ne s'enlève pas lorsqu'on couche les à-plat par dessus ; elle ne fait que s'atténuer et s'harmoniser. Mais on remarquera que l'adresse, la promptitude et le tour de main sont essentiels pour réussir. Il faut aussi que la couleur soit convenablement gommée, sans l'être trop ; dans ce dernier cas, elle s'écaillerait à la cuisson. Au reste, cet accident n'arrive que lorsque la gomme est tellement en excès, que le ton séché est luisant et comme verni.

La nature et la nuance des couleurs d'ombre ont changé nécessairement selon les écoles : autant d'artistes, autant de variantes. Cependant il semble qu'on mettait plus de simplicité dans la recherche des effets jadis qu'aujourd'hui ; qu'on se dispensait, à ce sujet, d'une foule de minuties usitées maintenant, et qui sont inutiles une fois que le vitrail est placé. Elles ne sont appréciables que sur le chevalet.

On se demandera peut-être si l'adjonction du sel dans la couleur noire est nécessaire. Dans cette circonstance, le sel n'agit pas comme fondant, et son rôle semble être beaucoup plus important. Le fer *suroxydé* a une grande tendance à s'unir au chlore pour former du *perchlorure de fer*. Il serait trop long de détailler les affinités qui se trouvent en jeu ; mais ce qu'il importe de savoir, c'est que le nouveau sel est volatil, et s'échappe par conséquent, pendant la cuisson, dans le moufle ; d'où il suit

(1) V. Félibien.

qué, s'il se forme pendant l'exposition au feu de petites portions d'oxyde rouge qui pourraient modifier la couleur noire du
protoxyde de fer, elles sont éliminées à mesure par voie de subli-
mation.

Quant à la recommandation qui est faite de broyer certaines
couleurs, le noir entre autres, sur une platine de cuivre rouge,
avec une molette d'acier, elle est loin d'être inutile. Il est certain que l'opération, dans ces conditions, que le broiement a
pour résultat de détacher des portions très-notables de cuivre,
qui se trouvent alors mêlées au protoxyde de fer. C'est alors à
l'introduction d'un métal étranger qu'est due la perfection de
la couleur que donne le fer, par l'emploi de ce procédé.

Après le noir, la couleur la plus utile est le ton de chair,
dont la sanguine est la base. On doit la préparer en été, par
un beau temps. Lorsqu'on a longtemps broyé de la sanguine
, excès, avec un autre oxyde de fer, du fondant en petite quan-
.té et de la gomme, on verse la pâte assez claire dans un verre
à vin de Champagne que l'on expose, couvert, au soleil, durant
trois jours au moins; on peut aller jusqu'à cinq au plus,
quand le ciel devient nuageux. Nous avons dit précédemment
que la gomme agit par sa viscosité. Pour le cas présent, l'exposition au soleil, dans un vase fermé, a pour effet de diminuer
cette viscosité, et de rendre le *départ* des parties grossières
plus prompt et plus parfait. La masse la moins fine de l'émail
se dépose, par lits diversement nuancés, au fond du vase, et le
principe colorant par excellence se porte à la partie supérieure,
où il forme un sirop que l'on décante, au bout de l'intervalle
de temps prescrit. On peut reconnaître à un signe certain si la
couleur sera de bonne qualité : c'est lorsqu'il s'est formé une
petite zone d'un rouge orangé vif sur les parois du verre, un
peu au-dessus de la masse reposée ; cet indice manque inva-
riablement lorsque l'opération est manquée. Quand la couleur
est bien réussie, le sirop décanté est d'un ton aussi rutilant que
translucide, vu sur le ciel ; la première couche, assez liquide
encore, laissée dans le verre, est aussi d'un beau ton. Enfin,

le reste , qu'on appelait autrefois *fondrilles de carnation* , donne une couleur de terre de Sienne brûlée, très-propre pour ombrer chaudement les chairs. Un atome de la couleur la plus pure suffit pour un à-plat, tant elle est puissante ; son seul inconvénient, c'est de cuire difficilement ; mais elle ne passe point, même à un feu violent.

La troisième couleur, le blanc, se fait avec de petits os de pied de mouton bien calcinés, de la poudre de cailloux rougis au feu, puis éteints dans l'eau froide, et du fondant. On broie ce mélange finement, ajoutant de la gomme vers la fin de l'opé-ration ; puis on le dépose dans un godet et on le recouvre de son lavis, absolument comme au noir. Cette couleur sert pour les à-plat des draperies blanches, et dans différents autres cas que la pratique indique.

Le blanc et le noir, tant qu'on en fait usage, doivent être constamment couverts de leur lavis, qu'on renouvelle lors-qu'il est épuisé, de peur que la pâte qui est au fond du godet ne vienne à sécher et à durcir. Quant au rouge de premier choix, on le fait sécher à l'abri de la poussière, et on en délaie, à l'eau pure, ce qu'il faut pour être employé de suite, comme à l'aquarelle.

Je ne dirai rien de la préparation du jaune d'application, dit jean-cousin ; elle est trop connue pour qu'il soit nécessaire d'entrer dans quelque détail à son sujet. Cette singulière cou-leur peut servir plusieurs fois. Les anciens avaient même, pour enlever, après la cuisson, la couche opaque qui teint le verre, et pour n'en rien perdre, un pinceau particulier très-rude , qu'ils nommaient *brosse à découcher l'ocre*, du nom de la substance qui sert de véhicule, de récipient au principe actif, l'oxyde d'argent. Le jean-cousin qui a passé une fois au feu , donne une teinte plus pâle que la couleur fraîche, bien que couché à la même épaisseur. On s'en servait pour produire le jaune clair, et principalement en l'appliquant par derrière, pour *égayer* l'émail vert des miniatures, qui est naturellement un peu bleuâtre : cette vieille expression est très-significative et très-pittoresque. On peut aussi obtenir le jaune pâle en appliquant sur le verre une pellicule de couleur vierge qu'on blaireaute ; mais ce procédé tout moderne, ou plutôt anglais, n'a point la même sûreté et n'offre point la même facilité de pratique que l'ancien. L'intensité du ton produit étant en raison directe de l'épaisseur de la substance colorante appliquée, il arrive souvent, si celle-ci est très-puissante et employée pour la première fois, qu'une différence imperceptible dans l'épaisseur détruit l'uniformité de la teinte. D'ailleurs il est des cas où il est absolument impossible de blaireauter, surtout lorsque, pour peindre, on suit l'ancienne méthode. Aussi vaut-il mieux s'en tenir à la vieille pratique, donner toujours au jaune d'application la même épaisseur qui doit être assez grande, et, lorsqu'on veut obtenir un ton clair, se servir de la couleur qui a déjà passé au feu. En tous cas, ne laissez jamais perdre cette dernière, ne fût-ce que par un principe d'économie ; car, en l'exposant dans un creuset à une forte chaleur, on en retire tout l'argent qu'elle contient. L'argent fond, se reconstitue à l'état métallique, et sa pesanteur spécifique le fait descendre au travers de l'ocre jusqu'au fond du creuset.

Le jaune complète la série des tons nécessaires pour la grande peinture. Si on voulait obtenir des teintes différentes de celles que nous avons indiquées, avoir du brun, peindre des chairs moins rougeâtres que ne le fait la *carnation*, il vaudrait mieux composer des émaux de toute pièce, que de faire des mélanges qui, presque toujours, se comportent mal à la cuisson. Il suffit de choisir parmi les différents oxydes de fer, pour remplacer notre principe colorant. C'est une mine assez riche pour satisfaire à toutes les exigences. On peut consulter Levieil ou Félibien à ce sujet.

Avec des couleurs ainsi préparées, un verrier peindra, en très-peu de temps, un vitrail d'un grand effet, s'il est dessinateur habile et exercé, condition indispensable pour qu'il suive, avec chance de succès, les procédés hardis et expéditifs de ses devanciers du xvie siècle. Car il faut, pour les imiter, de la har-

diesse, de l'entrain, de la promptitude, peu de travail, choses
que le talent seul peut se permettre sans inconvénient; il ne
s'agit que de bien placer quelques coups de pinceau, et surtout
les *enlevés en clair*. Aussi, je le répète, la science du dessin et
l'expérience sont-elles nécessaires : rien ne saurait en tenir
lieu.

On peint très-vite une tête de la manière suivante : l'esquisse étant suffisamment séchée, on couche, par-dessus, un
à-plat de *fondrilles de carnation* qu'on blaireaute vivement,
quoique d'une main légère, en poussant la couleur du côté où
doit se trouver l'ombre. Quand cet à-plat est sec, on achève de
modeler par des retouches et quelques vigueurs; puis on
enlève en clair à la brosse rude et au poinçon : à la brosse
rude, pour adoucir le passage de l'ombre à la lumière, et
au poinçon, pour quelques enlevés francs de peu d'étendue. Si
le modelé n'est pas suffisant, on peut le compléter sur l'autre
face de verre, lorsque l'on y couche l'à-plat très-léger de rouge
de premier choix, qui doit donner le ton local, le *teint* du
personnage.

La même méthode est applicable aux draperies. Les princi-
paux traits exquissés et séchés, on passe un à-plat assez vigou-
reux qu'on blaireaute en poussant toujours la couleur vers
l'ombre. Lorsque l'à-plat est sec, on retouche à grands traits,
partout où l'on juge à propos de le faire; puis on *enlève en
clair*, à vif, dans les lumières, et l'on adoucit seulement, à la
brosse rude, dans les demi-teintes. Il ne reste plus qu'à donner le dépoli extérieur, sur lequel on peut travailler encore au
besoin. Ce dépoli n'est point indispensable, et d'ailleurs il est
bon de le tenir très-léger, souvent même de le supprimer tout
à fait pour conserver au ton toute sa beauté, surtout quand il
s'agit de draperies rouges. Cette couleur, dans les vitraux
modernes, ne pèche point ordinairement par l'éclat.

Quand on veut obtenir beaucoup de douceur et de moelleux
dans les lumières, ou peindre des damas, des velours, il faut
enlever en clair à l'extérieur et ménager l'à-plat sur l'esquisse.

Au reste, les procédés que j'indique très-sommairement ici n'ont rien d'absolu ; on peut les modifier ou les compléter avec avantage, selon son goût et son aptitude particulière ; il faut savoir profiter des leçons de l'expérience. Aussi les vieux maîtres sont-ils loin de présenter une manière uniforme. Les Courtois, au lieu de *blaireauter*, c'est-à-dire de polir au balai, *putoisaient* les ombres et les à-plat. Robert, le plus ancien de cette dynastie artistique, donnait à ses ombres un gréné fin et anguleux ; sa manière, très-soignée, n'est pas exempte de recherche. Il peignait les verrières de la nef de l'église de la Ferté-Bernard, à la fin du xve siècle. Jean, qui travaillait pour le même monument, en 1534, mais dans la chapelle du Chevet, putoisait à gros grains : sa peinture est large et savante. L'école de Paris, représentée dans la même chapelle par un grand vitrail, procédait comme l'école de Limoges ou des Courtois. François de la Lande, le vitrier ordinaire de la paroisse de la Ferté où il résidait, de 1526 à 1540, ne putoisait plus ; il blaireautait finement. C'est sa manière que j'ai décrite plus particulièrement ; il paraît la tenir de Guillaume, son père, mort ou disparu dès 1526. La famille de la Lande fournit des verriers durant tout le xvie siècle, et Michel, le dernier, mourut si pauvre que sa veuve dut réclamer le secours de l'hospice, en 1588 : triste exemple de la justesse du proverbe qui concerne les artistes. François avait une habileté et une habitude du métier, telles que ses carnations sont souvent peintes d'un seul coup, en enlevant, à frais, les chairs dans la couleur liquide, et en polissant tout cela par un léger coup de blaireau. Il éclaire les draperies, il anime les têtes avec quelques grattages adroitement placés. Les étoffes de couleur ne portent point trace de dépoli ; partout le ton est franc, et les lumières étincellent. Ajoutons, pour compléter la description de ses vitraux, qu'il a su, dans l'exécution, s'en tenir à ce point raisonnable qui sépare la négligence de la recherche.

C'est une grande qualité, dans la pratique, de savoir s'arrêter à temps. Le soin excessif apporté à finir n'est pas seulement inutile, il est nuisible, il porte atteinte à la transparence, à la vigueur du vitrail, lorsque celui-ci est placé au lieu qu'il doit occuper. Alors les chairs, trop couvertes, peuvent devenir ternes, et les draperies, où le ton n'est point franc, parce que le verre n'est mis à nu nulle part, paraissent fades et sans éclat. Il ne faut jamais oublier qu'une verrière d'église n'est pas un tableau comme ceux de Miéris et de Gérard de Dow, dont le spectateur peut examiner à loisir et admirer la délicate facture. Le point d'où on la regarde est toujours trop éloigné pour qu'on saisisse des détails minutieux et qu'on apprécie cette finesse d'exécution qui vous charme dans l'atelier ; on ne se laisse plus frapper alors que par l'ensemble. Aussi une œuvre très-soignée perd-elle considérablement à être vue de loin, et la raison en est toute simple : comme la distance adoucit plus ou moins, selon l'éloignement, les détails vigoureusement accusés, l'artiste ne doit pas se charger de cette besogne qui se fait si bien naturellement, et, si son tableau est doux et moelleux par avance, l'effet d'optique y ajoutant encore son harmonie, il y en a trop lorsque la verrière est en place.

Toutes ces considérations n'ont point échappé aux artistes du xvie siècle. On voit, dans les fenêtres de l'église de la Ferté-Bernard, des draperies resplendissantes où le verre a été mis à nu dans les lumières, et des têtes de donateurs, c'est-à-dire des portraits, qu'on peut se proposer pour modèles. Elles sont touchées à la manière d'Holbein ; les ombres sont à peine sen-sibles, le travail y est épargné : elles sont parlantes.

§ II

Vitraux miniatures.

Je nomme ainsi les petits tableaux dont on décorait, au xvie siècle et au xviie, la clôture des fenêtres, les panneaux à plomb dans les maisons particulières. Comme ces petites scènes

sont peintes sur un excipient incolore et d'un seul morceau (1),
l'artiste doit mettre en œuvre pour elle des tons nouveaux
équivalents à ceux que donnent les divers fragments colorés,
réunis par des plombs, dans les grandes vitres de nos cathé-
drales. Ici, les oxydes de fer ne lui suffisent plus : il lui faut du
bleu, du violet plus ou moins rose, et du vert, c'est-à-dire les
émaux proprement dits, se *parfondant* au feu de moufle, et
subissant une vitrification complète. Les recettes anciennes
pour la composition de ces émaux sont nombreuses, et parmi
elles il doit s'en trouver d'excellentes, si l'on en juge par les
résultats qu'elles ont donnés. Les bleus, les violets et les verts,
dans les miniatures conservées, sont transparents, quoique en
couche épaisse, et parfaitement vitrifiés ; mais la préparation
de ces couleurs, avec les mêmes éléments, présente maintenant
des difficultés réelles, à cause de l'impossibilité de se procurer
les substances indiquées dans les traités. La plupart de ces substances ne se trouvent plus dans le commerce ; les unes ont
changé de nom, les autres de nature. Il faut user de discernement dans l'emploi qu'on en fait ; se reporter au temps où les
recettes ont été formulées, et rechercher sous quel aspect se
présentaient les corps qu'on veut manipuler ; se rappeler surtout que leur décomposition, ou plutôt leur réduction en éléments simples, est l'œuvre de la chimie moderne, et qu'autrefois on employait les substances telles qu'on les trouvait, c'est-
à-dire beaucoup moins pures. Le périgueux, le périgord, la
magnésie dont parlent les technologistes, c'est du manganèse ;
il n'y a pas à hésiter ici, et la difficulté n'est pas sérieuse. Elle
l'est beaucoup plus pour le principe colorant de bleu : tantôt
c'est du *bleu d'émail*, tantôt de l'*azur* ou du *bleu de cobalt*, ou
du *safre*, ou du cobalt lui-même qu'on confond avec celui-ci (2).
Il est presque impossible aujourd'hui de déterminer d'une
manière précise en quoi ces substances différaient entre elles ;

(1) Je ne parle que des œuvres de l'École française, et point des vitraux
suisses.

(2) Voy. Levieil.

mais on peut affirmer sans danger que c'est toujours le cobalt
qui en forme la base. Le safre, par exemple, n'est autre chose
que du cobalt, du sable blanc et de la potasse ou de la soude,
c'est-à-dire un sel alcali, mis par parties égales dans un creuset, et vitrifiés à une très-forte chaleur : c'est un émail, ou un
verre coloré par le cobalt. Le safre n'est plus en usage ;
il faudrait donc le composer soi-même avec beaucoup de peine
et de perte de temps. Au lieu de prendre ce soin, il est beaucoup plus simple, puisqu'on est certain des éléments qui le
forment et qu'on en connaît le principe actif, d'employer directement le métal, le *cobalt*, pour faire le bleu.

Ces recherches et ces détails ne sont point oiseux, puisqu'on
sait que la beauté des miniatures, leur mérite et leur prix
dépendent de la bonté des émaux qu'on emploie. C'est donc un
point capital que leur préparation, et l'on ne saurait y apporter
trop de réflexions et de soins. Il faut encore de la précaution
et de la propreté dans leur emploi ; car la netteté des tons,
qualité essentielle aussi pour le genre qui nous occupe, dépend
de cette propreté ; c'est le cas de se garder de la poussière et
de renouveler les minutieuses habitudes des Gérard Dow et
des Miéris. Ce qui, dans un grand vitrail, ne tire pas à consé-
quence et passe inaperçu, peut ici détruire complétement le
charme de l'œuvre. La gomme est encore très-propre à donner aux teintes une netteté, une finesse que l'essence est impuis-
sante à leur conserver.

Surveillez la manipulation de vos couleurs, broyez-les à
l'excès, perfectionnez-les, si c'est possible ; car ce qui est suffisant pour la grande peinture ne l'est plus ici. Le rouge émail
peut être rendu plus beau par l'adjonction de quelques éléments que Félibien et Leviel indiquent. Il ne faut pas négliger
des améliorations de cette sorte, toutes les fois qu'elles sont
praticables.

Ce conseil est aussi bon à suivre quand il s'agit de la mise en
œuvre des couleurs que de leur confection. On sent que les
procédés expéditifs, bons pour des vitres de grande dimension,

ne sont point compatibles avec la perfection qu'exigent de petites pages de quelques centimètres carrés. Car si, pour les premières, tout peut se terminer avec une esquisse, un à-plat enlevé en clair et quelques retouches hardies ; pour les secondes, il faut repeindre à plusieurs reprises et appliquer tons sur tons, ce qui présente une certaine difficulté, quand la couleur n'est pas fortement adhérente à l'excipient : une dernière couche pourrait alors brouiller les autres et détruire l'ouvrage déjà fait. Or, bien que les couleurs broyées à la gomme offrent une certaine solidité, il n'est pas prudent, si l'on n'a pas la main bien exercée et si l'on ne sèche pas fortement son travail à chaque instant, de coucher tons sur tons, dans un petit sujet où la moindre inadvertance peut tout perdre. Aussi vaut-il mieux ajouter au lavis, avant de peindre, une substance qui, se dissolvant difficilement dans l'eau, communique la même propriété à la couleur. On peut tout simplement, et cela produira le même effet, avoir à côté de soi une dissolution de cette substance qu'on choisira dans la catégorie de celles que j'indique, et y imbiber de temps en temps son pinceau. Voici ce qui se produit : La substance introduite liquide dans l'émail qu'on applique se cristallise en séchant avec lui et ne peut être dissoute de nouveau que par une imbibition prolongée. Les anciens se servaient, en effet, de ce procédé pour augmenter la fixité de la couleur avant la cuisson, lorsque l'adhérence produite par la gomme n'était plus suffisante; ils avaient même choisi une matière saline qui, à la qualité demandée, joint l'avantage d'être un fondant, le borax.

Voici la méthode qui me semble la plus simple et la plus facile pour peindre les miniatures sur verre blanc. Avant tout, il convient d'avoir un *carton*, dessin ou gravure, où les chairs et les ombres soient nettement et franchement indiquées; car s'il est utile dans tous les travaux qu'on entreprend d'avoir une idée claire de ce que l'on veut faire, cette prescription est rigoureuse pour la peinture sur verre, qui exclut tout tâtonnement. On calque l'esquisse à la plume avec de la couleur préparée ; on la sèche fortement, et l'on applique l'à-plat général quand le verre est parfaitement refroidi, s'il a été exposé à la chaleur. On blaireaute vivement l'à-plat pour ne pas enlever le trait. On sèche de nouveau, et l'on peint le sujet au châssis vitré. On termine en faisant les enlevés en clair. En général, les ombres doivent être tenues très-vigoureuses, parce qu'elles pâlissent notablement à la cuisson. Ce travail terminé, on a un petit tableau monochrome, noir ou bistré, qui, avec des rehauts de jaune jean-cousin, serait une *grisaille*. Si on veut l'enluminer, il faut sécher encore, appliquer le rouge émail en pellicule pour les carnations, ou en couche plus épaisse pour les draperies, enfin les émaux proprement dits. Ceux-ci se couchent de la manière suivante : lorsqu'on les a broyés à la gomme et déposés dans un godet, comme le noir, avec leur lavis, on prend de ce lavis, on l'étend vivement sur l'endroit à teinter, en circonscrivant exactement les contours, et on y laisse tomber une goutte de l'émail plus ou moins épaisse, selon la vigueur du ton qu'on veut obtenir. Pour égaliser la couche colorante, on frappe le verre de la tranche contre un corps dur, ou bien on l'incline d'un côté, puis de l'autre. De cette manière, on conduit la teinte où l'on veut, et l'on produit de piquants effets dans les draperies. On juge de la vigueur du ton ou de son uniformité, en se plaçant au-dessus d'un papier blanc. La même précaution sera fort utile aussi si l'on peint sur un chevalet portatif, comme le faisaient les artistes du xvi* siècle et du xviie. La réflexion de la lumière sur une surface blanche dispense alors de l'élévation et de l'exposition du tableau sur le ciel. Les lavis de bleu, de violet et de vert, employés seuls, donnent des teintes très-délicates, dont les anciens ont habilement tiré parti pour les lointains des paysages.

On voit que les émaux s'appliquent directement sur les ombres, sans qu'il soit besoin de faire passer celles-ci préalablement au feu : tout cuit à la fois. Le jaune se couche par derrière le verre, jamais sur un ton, mais toujours immédiatement sur l'excipient. J'ai dit précédemment de quelle manière on obtient les diverses nuances du jaune, soit en donnant plus ou moins d'épaisseur au jean-cousin, soit en employant celui qui a déjà servi, qu'on peut mélanger encore avec le neuf. Au reste, l'intensité de la cuisson influe considérablement, et avant tout, sur le développement du jaune, si toutefois l'excipient est susceptible de le recevoir, car tous les verres n'y sont pas propres. Les vieux carreaux, d'une teinte verdâtre tirant sur le bleu, jouissent presque seuls de cette propriété (1) ; peu cuit, le jaune est faible ; trop cuit, il est roux, ce que les anciens nommaient *jaune brûlé*.

Ce n'est point sur le jaune seul que la cuisson, cette épreuve si redoutable, exerce son influence. Elle a de l'action sur toutes les couleurs, mais moins lorsqu'on les a préparées d'après l'ancienne méthode que lorsqu'on a suivi les recettes modernes. Son effet naturel est de faire pâlir le tableau : on doit travailler dans cette attente. Malheureusement le feu a quelquefois d'autres effets, hors de toute prévision, véritables calamités suspendues sur la tête de tout verrier, et qui ont sans doute dégoûté de l'art bien des peintres habiles. On ne peut les éviter toutes, mais on en préviendra beaucoup avec de l'expérience et le secours d'un aide intelligent. Car le peintre ne peut se charger seul de toutes les fatigues et de tous les ennuis de ce qui n'est que métier : il doit se faire remplacer, pour broyer les couleurs et pour cuire, par un homme intelligent. Pour cette dernière opération il faut du tact, même sous l'œil du maître.

Aujourd'hui on cuit de différentes manières. Les Anglais se servent d'un moufle qui s'ouvre à volonté, et dans lequel chaque plaque chargée de morceaux peints est descendue, à son tour, sur la *sole,* c'est-à-dire sur le fond porté au rouge presque blanc, puis remontée à sa place. Cette méthode présente des avantages pour les petits vitraux, traités d'après les procédés modernes, mais elle est peu convenable pour ceux qui sont peints d'après les vieilles recettes, et d'ailleurs elle est

(1) On fabrique maintenant du verre blanc imitant l'ancien, très-convenable pour le jean-cousin.

tout à fait impropre à la cuisson des grands vitraux, parce qu'il est difficile, avec elle, d'obtenir une égalité de feu parfaite pour les morceaux. La méthode française, à moufle fermé, moins favorable peut-être aux miniatures, l'est plus pour la grande peinture. Je la préférerais à la première, parce qu'elle donne une cuisson plus uniforme, que la chaleur y est plus concentrée et arrive moins directement sur le verre. Elle est d'ailleurs moins fatigante, tout cuisant à la fois, et plus expéditive, bien qu'il soit essentiel de faire un feu doux et prolongé, pour donner aux plaques du centre le temps de s'échauffer à peu près comme les premières.

Reste le système qu'on suivait au xvıᵉ et au xvııᵉ siècle, le plus simple, le plus élémentaire et j'ajouterai le meilleur. C'est du reste le seul qu'il convient d'employer, quand on a suivi, pour la peinture, les vieux errements; il ne faut rien faire à demi si l'on veut réussir. On empilait autrefois les verres à cuire dans une poêle ou moufle de terre, ou mieux de fer, suivant Kunckel, les uns sur les autres, en lits séparés par une couche de chaux vive ou de craie en poudre, en prenant la précaution de ménager un vide au-dessus des émaux complétement vitrifiables, le bleu, le vert et les violets; encore cette précaution, qui n'est point indispensable, a-t-elle été souvent négligée. Le fond du moufle, plus exposé au feu, était préalablement garni d'une épaisse couche de chaux ou de craie et de verres inutiles, et sur cette couche on plaçait les pièces les plus dures à la cuisson. On réservait le milieu pour les plus tendres. La partie supérieure offrait, pour la chaleur, un intermédiaire entre le milieu et le fond. Le dernier lit de morceaux peints était aussi recouvert d'une épaisse couche de chaux ou de craie, dans laquelle on plantait debout, à chaque angle de la poêle, les *gardes*. C'étaient quatre bandes étroites de verre, pareil à celui qu'on employait pour peindre, et dont le ramollissement indiquait le moment de ralentir ou de cesser tout à fait le feu. L'opération entière ne devait pas durer moins de six heures, et l'on chauffait deux

heures à feu doux, afin d'atteindre, par degrés, tous les points
de la masse entassée dans le moufle, dont les dimensions
étaient considérables. Celui-ci n'étant couvert que par la
poudre avec laquelle on achevait de le remplir, il était important d'éviter la fumée. Aussi conseillait-on l'emploi du charbon sec, au début, et plus tard du bois de hêtre, également sec
et cassé menu. Que cette méthode ait produit de bons résultats,
c'est ce dont il ne nous est pas permis de douter, puisqu'il
nous en reste des preuves matérielles. Elle a en effet l'avantage
de concentrer la chaleur, et de faire cuire la peinture dans une
sorte de bain. Aussi les couleurs enveloppées de tous côtés de craie
portée au rouge, soumises à une forte chaleur, mais défendues
de l'action immédiate du feu par la masse dans laquelle elles
étaient enfouies, se *parfondaient* selon un vieux mot qui n'est
peut-être plus français, mais qui me semble bien expressif.
La peinture se fixait sans pâlir beaucoup, et n'avait point
besoin d'une retouche et d'un second feu, avantage important,
non seulement au point de vue de la promptitude de l'exécution
et de l'économie, mais aussi pour la transparence et la netteté
des tons ; car moins le verre va au feu et plus sa couleur est
franche ; et, quant aux miniatures, elles sont d'autant plus
harmonieuses que tous les tons cuisent et se pénètrent à la fois.
Mais remarquons que pour obtenir ces effets, pour réussir
dans la cuisson, quel que soit d'ailleurs le système qu'on
emploie, il faut se servir d'appareils de grande dimension. Les
essais faits sur une petite échelle ne sont généralement pas
heureux. L'opération doit être lente et la masse à échauffer
considérable, pour nécessiter un grand développement de
chaleur.

Avant de clore ce chapitre et d'en commencer un particulièrement destiné aux renseignements précis, j'ai à présenter
encore quelques observations générales sur un point que j'ai
déjà touché dans celui-ci, en parlant du fondant. Pour appliquer la vieille technique et mettre ses recettes à œuvre dans
toute leur intégrité, il faudrait disposer de matériaux tout

à. fait identiques à ceux des anciens, ce qui n'est plus pratica-
ble. Il est donc quelquefois nécessaire de les modifier, mais
avec discernement principalement en vue de l'excipient qui,
n'a plus les mêmes propriétés qu'autrefois. Ce changement
est regrettable, car le vieux verre était un véritable verre
à vitraux, fait, je dirais presqu'en vue de la peinture sur verre,
qu'il servait du moins à souhait dans toutes ses exigences.
C'étaient deux existences dépendantes en quelque sorte l'une
de l'autre : car voyez comme le verre a changé de nature
depuis que la peinture n'a plus été pratiquée. Autrefois, il était
verdâtre, très-dur au feu, et supportait facilement une énorme
chaleur; la potasse abondait dans sa composition. Depuis il
est devenu aussi translucide que possible; qualité propre à
l'usage auquel on le destine aujourd'hui, mais qui est un défaut
aux yeux des verriers et détruit l'harmonie de leurs tableaux.
Il contient trois à quatre fois moins d'alcali que le premier; se
gondole facilement, parce qu'il est fabriqué avec grande économie de combustible; il prend mal ou plutôt ne prend point
le jaune d'application; en un mot, il est antipathique à la peinture et fait en dépit d'elle. Il faudra qu'on en revienne aux
errements du moyen-âge pour la confection de l'excipient
comme pour la peinture elle-même, si l'on veut reproduire les
effets que nous admirons dans les monuments. Vainement
objectera-t-on que nous sommes aussi habiles que nos
pères, que nous pouvons les égaler, sinon les surpasser, en employant de nouveaux moyens. J'ignore ce
qu'il en est de la valeur de cette prétention; mais je sais
que nous sommes moins bons statuaires que ne l'ont été les
Grecs, moins bons constructeurs que les Romains, moins
bons peintres que les Italiens de la renaissance, et architectes
moins habiles que nos aïeux du moyen-âge; c'en est assez
pour me confirmer dans mon opinion à l'endroit de la
peinture sur verre et pour me donner quelque confiance
dans le passé.

Il est possible de se procurer du verre blanc ancien dans

3

les maisons qui ne sont point tout à fait modernes; ne négli-
geons point de le faire toutes les fois qu'il s'en présentera de
convenable. On le distingue facilement à sa teinte vert-bleu.
La nuance jaunâtre, quoiqu'ancienne aussi, n'annonce pas
la même qualité; elle indique un verre presque réfractaire
sur lequel les couleurs d'application cuisent difficilement.
Quant au verre coloré en pâte, il faut bien se contenter du
médiocre que fournit l'industrie moderne, puisqu'il n'en
existe plus d'autre; mais nous regrettons que, dans un temps
où la peinture sur verre a pris tant d'extension, l'industrie
n'ait pas fait des tentatives plus heureuses pour confectionner
un excipient de bonne qualité. Le *bleu* est généralement violacé, le *violet-rose* sans puissance, et le *violet-évêque* d'un
ton faux : tous deux sont encore sujets à tourner au brun sale,
en passant. Tel n'était pas le violet ancien; il tirait sur le bleu
et souvent était composé de deux couches, l'une rose et l'autre
bleue. J'ai vu aussi, dans un vitrail de 1540, des têtes de
second plan peintes sur un verre blanc à deux couches, l'une
blanche, l'autre violacée, et très-minces. Ces faits prouvent la
perfection où la confection des verres de couleur était portée
autrefois. Nous sommes loin de l'avoir atteinte. Notre *gris de
fer*, ou bleu pâle, ne prend point le jean-cousin dont on se
servait au XVIᵉ siècle, pour colorer les lointains de paysage;
de plus, comme le *jaune*, il bouillonne au feu, pour peu que la
cuisson soit énergique. Le rouge aussi est bien loin de valoir
celui du moyen-âge; de sorte qu'on peut justement accuser
la mauvaise nature du verre moderne d'être un obstacle aux
progrès de l'art du verrier, de même que les procédés défec-
tueux qui sont en usage (1). Cependant, comme dans la technique du XVIᵉ siècle le point capital, je le répète, c'est l'introduction de la gomme dans la couleur, et le broiement extrême

(1) Je dois reconnaître que, depuis la rédaction de ce travail, la fabri-
cation moderne a fait de louables efforts pour se rapprocher de l'ancienne
et qu'elle a réalisé de véritables progrès, principalement dans les verres
susceptibles de prendre le jaune, et dans les rouges.

de cette dernière, il est toujours possible de tenter cette amé-
lioration dans notre système : le reste viendra plus tard.

CHAPITRE III.

Quelques renseignements plus précis sur les anciennes méthodes; substances employées
autrefois et indiquées dans Félibien et dans Levieil; équivalents modernes.

Dans les chapitres précédents, j'ai constaté plus d'une fois
que la spéculation, la théorie seule, ne joue qu'un rôle secon-
daire dans la marche et les progrès de l'art : l'histoire comme
l'expérience journalière nous en fournit la preuve. En effet,
on ne voit apparaître les traités techniques qu'à l'époque de la
décadence; ce qui, du reste, est naturel et ordinaire, non-seulement pour la peinture sur verre, mais pour toutes les productions humaines. La théorie suit la pratique; elle ne la pré-
cède ni ne l'accompagne : elle n'a pas même le privilége, bien
qu'elle soit le *criterium* du beau, la règle qui doit nous guider
pour le produire, elle n'a pas le privilége de le faire revivre,
lorsque l'époque en est passée. Winkelmann et toutes les considérations sur l'art antique n'ont pas plus réussi à le ressusciter dans sa suavité, que Levieil n'a fait renaître la peinture
sur verre au xviiie siècle. « L'action exclut le babil, et (1)
« l'inspiration fait défaut aux époques savantes. » Celles-ci
étudient les faits accomplis et les circonstances qui accompa-
gnent leur production; elles en cherchent la loi, elles en écri-
vent l'histoire, qui n'est autre chose que la théorie.

A cet âge de la peinture sur verre où les artistes la prati-
quaient avec amour, tout se passait sans bruit, dans le silence
de l'atelier. Nul autre enseignement que la transmission ver-
bale, de père en fils, de ces *secrets de famille*, comme Levieil les nomme. Ces secrets étaient, en effet, la propriété de
la famille ou de l'école, le fruit de l'expérience de tous ses
membres, et l'on se gardait bien d'en rien divulguer. Cette

(1) L'abbé Texier. *Histoire de la Peinture sur verre en Limousin.*

précaution loin de nuire au genre, à cette époque, en a fait
le charme et l'originité. Chaque verrier, travaillant à part, a
imprimé son cachet sur ses œuvres. Il regardait chacun des
progrès qu'il faisait faire à la technique comme sa conquête et
sa fortune particulière, et n'en était que plus porté à redoubler
d'efforts. Curieux tableaux que la physionomie de ces vieux
ateliers, où le chef, véritable alchimiste enfermé dans son
laboratoire, patient, besoigneux, cache à des amis et même à
des frères (1) ses arcanes, sa pierre philosophale! De quel
air courroucé n'eût-il pas regardé l'indiscret auteur de cette
notice qui tout à l'heure va livrer aux quatre vents du ciel
ce qu'il a pu surprendre de ses secrets! C'est de l'abandon de
cette discrétion tutélaire et de la divulgation de leurs secrets
que date la ruine de l'art des verriers, au dire de Bernard de
Palissy. Les œuvres perdirent leur originalité, la peinture
tomba dans le métier, et les vitraux « furent méchanisez de
telle sorte, dit le célèbre potier des Valois, qu'ils furent criez
par les villages, par ceux qui crient les vieux drapeaux et les
vieilles ferrailles. » Remarquez ce mot « méchanisés, » il
veut dire ici faits sans originalité, *à la mécanique.*

C'est alors que parurent les technologistes auxquels nous
avons l'obligation de ne pas ignorer tout à fait les anciens procédés. Si nous étudions avec patience les renseignements qu'ils
nous fournissent, et si nous expérimentons leurs recettes avec
confiance, nous en serons récompensés par une réussite hors
de toute attente. C'est en suivant à la lettre les prescriptions
de Félibien qu'on obtient le *rouge-émail,* indispensable pour
l'exécution des petits vitraux. Cette préparation me paraît
d'autant plus importante que les modernes, n'ont pas, je le
crois du moins, remplacé cette merveilleuse couleur des artistes du XVIe siècle; nous en sommes encore généralement à la
méthode anglaise importée à Sèvres vers la fin de la Restauration; notre peinture est toujours de la peinture sur porcelaine,
et nous n'attendons la transparence des tons que d'une cuisson

(1) Voy. Levieil.

énergique, au lieu de la chercher dans la composition et la nature de la couleur elle-même, comme le faisaient les anciens.

Voici la composition du rouge-émail avec les équivalents modernes : ceux-ci tiennent lieu de substances qu'il serait très-difficile de se procurer aujourd'hui, et dont les noms ont dû rebuter ceux qui ont tenté de se servir de la recette de Félibien (1) :

⸜ sanguine.	6 parties.
⸝ gomme arabique en poudre.	2 —
⸜ flint glass (verre pilé, fondant.)	2 —
⸝ litharge.	2 —
rouge de Prusse	2 —

Broyez d'abord la sanguine et la gomme ; ajoutez-y le fondant et la litharge et broyez encore ; enfin le rouge de Prusse, et broyez le mieux possible. On verse le tout à l'état liquide, comme il est sur la platine, dans un verre à vin de champagne, que l'on expose, couvert, au soleil ou dans un lieu chaud, pendant trois jours au moins et cinq au plus. Alors on décante le sirop qui se trouve à la partie supérieure, en se gardant bien de verser ce qui est moins transparent. On fait sécher à l'abri de la poussière ; condition essentielle. Quand on veut se servir de cette couleur, on délaie, à *l'eau*, ce qu'on veut employer immédiatement.

Le meilleur temps pour préparer le rouge c'est l'été ; il y a une différence notable entre celui qui est exposé au soleil et celui qui est mis dans un lieu chaud, mais à l'ombre.

En broyant ensemble avec de la gomme du ton de chair ordinaire (sanguine 1 partie, — fondant 2) et du noir (battitures de fer 1 partie, — fondant 1 1/2), et en traitant ce mélange comme le premier, on obtient un résultat analogue ; la nuance, plus jaunâtre, mais tout aussi transparente, est très-convenable pour les carnations.

Le rouge-émail ne pâlit point et ne passe pas au feu, mais il

(1) C'est M. Vétillart fils, du Mans, qui a retrouvé la composition et l manipulation de cette couleur.

est peu solide. En y ajoutant un peu de borax, on le fixe davantage; toutefois il lui faut toujours une cuisson énergique.

Voici la recette du noir :

Fondant (minium et cristal) 1 partie 1/2 ou 2.

Paillettes de fer (battitures) 1.

On peut y ajouter, en très-petite quantité, des paillettes de cuivre oxydé (battitures). S'il y en avait trop, le noir serait froid, aussi doit-on n'en mettre que ce qu'il faut pour l'empêcher de prendre une teinte violacée ou rougeâtre au feu.

On peut encore mêler à la couleur, en place du cuivre, un peu de noir de fumée. Le noir de fumée a la propriété d'empêcher le protoxyde de fer, qui est noir, de passer, au feu, à un degré d'oxydation supérieur, et de devenir rougeâtre, par conséquent. On sait que les battitures de fer, c'est-à-dire les paillettes que les serruriers et les maréchaux font en forgeant sont du protoxyde. C'est peut-être au noir de fumée que le ton des anciens doit sa nuance jaunâtre et légèrement enfumée, bien préférable, pour l'harmonie, à la crudité glaciale que le cuivre communique souvent au noir, ou à l'œil violacé que la cuisson y développe, lorsqu'il ne contient que des battitures de fer.

Si l'on peignait sur du verre ancien, très-dur au feu, il n'y aurait pas d'inconvénient à user comme fondant de la *rocaille* indiquée dans quelques anciens traités. « C'étaient, disent-ils, « ces grains jaunes et verts que vendent les merciers , des « grains de chapelets, des patenôtres. « La rocaille ou verre de fonte, selon Levieil, peut se faire avec le vieux verre verdâtre, comme les œils-de-bœuf; » l'ancien verre des églises « est fort propre à cet usage, mais avant de le mêler avec les « émaux, il faut le réduire en poudre très-fine après l'avoir « broyé pendant vingt-quatre heures avec le vinaigre distillé. » Félibien compose sa rocaille de toutes pièces; et il en distingue deux espèces, la jaune et la verte. La jaune, plus fusible que la seconde, se fait avec 3 parties, ou 3 onces de mine de plomb et une once de sable ; la verte, en renversant les proportions, trois onces de sable et une once de mine de plomb.

On calcine, c'est-à-dire on fond ce mélange. La nature de la substance désignée sous le nom de mine de plomb, ne paraîtrait peut-être pas suffisamment indiquée, si Félibien ne nous apprenait, dans un autre passage, « que sa couleur est « est d'un rouge orangé fort vif. » C'est donc du *minium* (1).

Le fondant moderne est à peu près composé de même, mais comme l'excipient que nous employons pour la peinture exige de sa part plus de fusibilité qu'autrefois, on remplace maintenant le sable de la rocaille par un silicate tout composé, le cristal ; on ajoute une égale quantité de minium au cristal et l'on fond au creuset. Le degré de fusibilité est en raison directe de la proportion de minium.

La rocaille ou l'ancien fondant rend, sans doute, la couleur où on l'introduit très-dure à cuire, de sorte qu'elle ne peut servir qu'avec un excipient possédant à un haut degré la même propriété ; mais, dans cet état, elle offre un certain avantage pour l'exécution des miniatures, où elle se trouve en compagnie d'émaux aussi réfractaires qu'elle. Les bleus, les verts, les violets, les rouges de carnation sont très-durs au feu. Si le noir était composé avec un fondant très-fusible, il se liquéfierait, pâlirait et disparaîtrait presque avant la cuisson parfaite des premiers.

Blanc d'os.

Les anciens faisaient fondre quelquefois cette couleur avant de l'employer et la traitaient alors comme un émail ; voici sa composition :

Petits os de pieds de mouton calcinés et éteints dans l'eau froide.   2 parties.

(1) Les substances ne sont point clairement spécifiées dans les traités techniques ; de là, cette difficulté de la mise en œuvre des recettes, difficulté qui a dû rebuter ceux qui étaient tentés de s'en servir. Pour sortir d'indécision, il faut étudier les traités d'un bout à l'autre, et saisir çà et là les traits de lumière qu'ils renferment, afin d'en tirer les définitions.

Cailloux calcinés et éteints dans l'eau   2   —

Rocaille jaune (ou fondant).   2   —

Broyer comme le noir, à la gomme, si on veut l'employer immédiatement ; sinon, à l'eau pure.

Les cailloux calcinés et éteints dans l'eau n'étant que de la silice plus ou moins pure, on pourrait croire qu'on les remplacerait sans inconvénient par cette substance, sous quelque nature qu'elle se présente ; nous ne le pensons pas cependant, et nous croyons que les cailloux donnent à l'émail un ton laiteux que la silice ne lui conserverait pas ; dans toute autre occasion, celle-ci est préférable aux cailloux calcinés. Le cristal de roche est de la silice très-pure. Le sable blanc du Mans, dont on se sert pour fourbir et qui vient, je crois, de la commune de Saint-Aubin, est bon aussi. On peut le débarrasser du peu de chaux qu'il contient en le faisant baigner dans de l'acide chlorydrique, et en le lavant ensuite à plusieurs eaux.

La carnation, le noir, le blanc lui-même sont considérés comme des couleurs de demi-fusion ; il me reste à parler des émaux complétement vitrifiables.

Emaux complétement vitrifiables.

Suivant Félibien, le bleu, le violet et le vert se font de la même manière, en changeant seulement les substances colorantes, qui sont le *safre* pour le premier, le *périgueux* ou manganèse pour le second, et l'œs-ustum pour le dernier.

La nature du safre n'a point été bien définie par tous ceux qui en ont conseillé l'emploi. Comme il était commun à leur époque, et qu'on se le procurait facilement, ils n'ont point eu la pensée qu'on pourrait avoir besoin un jour de connaître sa composition. On le tirait d'Allemagne, et il est très-probable que les substances connues successivement sous les noms de *safre*, *bleu d'émail*, *bleu d'azur*, *bleu de cobalt*, substances qui venaient toutes du même pays, sont d'une espèce identique, ou à peu de chose près. C'est toujours le cobalt introduit dans un silicate, qui en est la base colorante.

Levieil, qui n'entre dans aucun détail à ce sujet et se contente de dire que « le safre ou cobalt sont une même chose, » et ailleurs que le cobalt produit une terre bleue propre à faire le bleu d'émail, » donne ainsi la composition de ce dernier :

4 livres de fritte d'émail.

4 onces de safre.

48 grains d'œs-ustum.

L'introduction de l'œs-ustum ou cuivre oxydé explique la nuance plutôt verdâtre que violacée que prend le bleu ancien. Le bleu moderne, au contraire, est plutôt violacé que verdâtre : ne devrait-il point cette teinte à l'absence du cuivre ?

Pour revenir au safre, l'Encyclopédie est plus explicite que Levieil à son égard, et entre dans les détails de sa manipulation. C'est du cobalt calciné, de la potasse ou de la soude, c'est-à-dire un sel alcali fixe, des cailloux pulvérisés ou du sable blanc (silice), pris en parties égales, exposés à un feu violent dans un creuset, vitrifiés, puis *étonnés* dans l'eau froide. Cela constitue un silicate de potasse et de cobalt, tel que le bleu de cobalt actuel, si je ne me trompe. D'Arclais de Montamy, dans son « traité des couleurs pour la peinture en émail et sur porcelaine » (Paris 1765), dit la même chose : « Le safre est une « composition faite avec le cobalt, auquel on a enlevé l'arsenic « qu'il contenait par la calcination, qu'on a mêlé ensuite avec « de la potasse et du sable vitrifiable... Le bleu d'émail ou « *smalt* est ce même cobalt calciné mêlé avec de la potasse et « du sable ou de la pierre vitrifiable, dont on vient de parler, « qui, uni au feu et poussé à la vitrification, donne un beau « verre bleu que l'on écrase ensuite, et dont on fait une pou- « dre très-fine par des lotions. »

Il ne peut donc exister de doute sur la nature de la matière colorante du bleu ancien. Il est certain que le safre n'était autre chose que le minerai de Cobalt que l'on calcinait pour en séparer l'arsenic, qui était recueilli à [part. La composition de ce minerai étant naturellement complexe, on essayait le safre avant de le livrer au commerce, afin de connaître sa puissance de coloration et partant son degré de pureté. Il était alors calciné avec des matières siliceuses, et plutôt *fritté* que réduit à l'état d'émail. La même substance, mais n'ayant pas subi cette dernière opération, existe encore aujourd'hui dans le commerce, et se vend sous le nom de *cobalt, cobalt arsénical, mort-aux-mouches.* C'est, comme le safre d'autrefois, le résidu de la calcination du minerai de cobalt, dont on a extrait l'arsenic en très-grande partie. Cette matière pourrait être essayée, peut-être avec succès, en lui faisant subir les mêmes traitements qu'autrefois.

Le manganèse, employé pour le violet, s'est appelé *périgueux, périgord et magnésie.* Il faut prendre garde de confondre avec le manganèse qui doit être du péroxyde, seul propre pour la peinture sur verre, une substance noirâtre, très-friable, qui n'est autre chose que des scories de fer, et qu'on vend quelquefois sous le nom de manganèse.

L'œs-ustum, employé dans la composition de l'émail vert, est du cuivre brûlé ou oxydé. Voici comment on préparait l'œs-ustum, si nous en croyons l'Encyclopédie. « Mettez dans « un vaisseau de terre de vieilles lames de cuivre, du soufre « et du sel commun, en parties égales ; stratifiez, couvrez le « vaisseau et lutez, en ne laissant qu'un petit soupirail ; calci- « nez. » Ou bien « faites rougir une lame de cuivre et l'étei- « nez sept fois dans du vinaigre, faisant rougir à chaque fois ; « broyez le cuivre brûlé et réduisez-le en poudre fine que vous « laverez légèrement dans l'eau. » La seconde de ces formules est seule convenable pour l'usage à laquelle nous destinons l'œs-ustum. Quant à la première, dans laquelle on emploie le soufre, elle produit un sulfure de cuivre probablement destiné à un autre emploi.

L'œs-ustum des anciens comprenait trois choses fort distinctes : l'oxyde de cuivre, que donne la deuxième formule de l'Encyclopédie ; le sulfure de cuivre, fourni par la première, et

même le sulfure de plomb ; mais il devait y avoir une épi-
thète servant à les distinguer l'une de l'autre, suivant l'usage
pour lequel on les réservait. L'œs-ustum, dont les verriers se
servaient pour obtenir la couleur verte, était très-probable-
ment l'oxyde de cuivre ; et, en effet, nous trouvons, dans un
auteur du XVIIIe siècle, qui a écrit sur la chimie, un chapitre
relatif aux émaux, où il est dit qu'on prépare la couleur verte
en faisant brûler à l'air, au moyen du feu, de petites lames de
cuivre réduites à une très-faible épaisseur.

Levieil confond l'œs-ustum avec le *ferret d'Espagne*. Il dit à-
propos de ce dernier : « Il s'en trouve de naturel dans les
minières, mais celui qui est connu sous le nom d'œs-ustum est
une préparation de cuivre seul, ou de cuivre et de fer, dosée
selon les règles de l'art (Préliminaires). » Dans un traité
anglais, cité par Levieil, on trouve encore ce qui suit : « On
« calcine le cuivre avec le soufre, comme l'argent ; mais il
« faut un feu de deux heures, et qu'il prenne une couleur de
« rouge noir que l'on réduit ensuite en poudre très-fine. Le
« cuivre, ainsi préparé, s'appelle, chez les Anglais, *ferret*
« *d'Espagne*. Au lieu de cuivre cru, on se sert de clinquant qu'on
« coupe par parcelles, et qu'on mêle à mesure avec de la
« fleur de soufre. » Il ne faut pas ajouter grande importance
à ces explications qui font évidemment quelque confusion.

Le ferret d'Espagne naturel, selon Levieil, est une sorte
d'hématite ; et, d'après certains verriers, « il serait conformé
en petites aiguilles pyramidales, faisant des piqûres difficiles à
guérir. » Quelques auteurs le nomment encore harderie ou
harderie, accolant ensemble les deux mots *harderie ou ferrette,
ferret d'Espagne*. L'Encyclopédie renvoie d'un mot à l'autre,
comme désignant une seule et même chose, et donne à l'ar-
ticle *Harderie* cette définition : « chaux de mars obtenue par le
soufre. » Félibien dit qu'on peut le faire « avec de la limaille
« de fer et du soufre qu'on stratifie dans un creuset couvert,
« qu'il faut renverser et mettre au feu de roe pendant cinq ou
« six heures. » Tout cela n'est pas clair ; cependant nous croyons

pouvoir affirmer que le ferret d'Espagne ou harderie n'est autre chose que de l'*hématite* ou péroxyde de fer. Quant à celui qu'on dit formé de petites aiguilles, ce doit être le cinabre ou sulfure de mercure, qui n'était pas employé par les peintres verriers, mais auquel, par analogie de couleur, on a donné le même nom, tout en signalant sa cristallisation fibreuse.

Voici la recette de Félibien pour l'émail vert, qui, ainsi composé, devrait être excessivement réfractaire :

Œs-ustum ou cuivre brûlé (oxyde de cuivre)   1 once.

Sable blanc (silice)   4 onces.

Mine de plomb (minium)   1 once.

« On pile le mélange dans un mortier de bronze, et on l'expose, pendant environ une heure, à un feu de charbon vif, dans un creuset couvert. On le retire. Lorsqu'il est froid, on le pile de nouveau au mortier ; puis, y ajoutant une quatrième partie de salpêtre, on le remet au feu jusqu'à trois fois, et on l'y laisse pendant environ deux heures et demie. On tire ensuite la couleur toute chaude du creuset, car elle est fort gluante et malaisée à avoir. Il est bon, avant l'opération, de *luter* les creusets avec le blanc d'Espagne, parce qu'il s'en trouve peu qui aient la force nécessaire pour résister au grand feu qu'il faut pour ces calcinations. »

« Le bleu, le pourpre et le violet se font de même que le vert, en changeant seulement la paille de cuivre en d'autres matières, savoir : pour l'azur et le bleu, en *safre* ; pour le pourpre, en *périgueux* ; pour le violet, en *safre et périgueux*, à mêmes doses, autant de l'un que de l'autre. »

Les prescriptions relatives à la fusion de l'émail sont obscures à force de concision : elles paraissent s'adresser à des gens déjà habitués à ces sortes de manipulations, et, pour bien se rendre compte des détails de l'opération, il faut s'éclairer sur les procédés de la chimie ancienne. La première calcination *sans salpêtre* ne me semble pas devoir être poussée jusqu'à la fusion ; elle a pour but de *fritter* la composition, c'est-à-dire de la purifier de toutes les matières susceptibles d'être brûlées

Voici comment on doit pratiquer cette opération, d'après d'Arclais de Montamy : On place le creuset couvert dans une cheminée ordinaire, au milieu de charbons allumés, mais éloignés du creuset ; on rapproche peu à peu, et très-lentement, les charbons, de manière à échauffer, par degrés, le creuset qu'on découvre de temps en temps, lorsqu'il n'y a point à craindre qu'il y tombe des matières étrangères, poussière, cendres ou parcelles de charbon. Puis, lorsque la matière commence à rougir, on met le couvercle sur le creuset, et on laisse la composition faire ses bouillonnements et gonflements jusqu'à ce qu'elle se trouve rassise ; on laisse le feu s'éteindre seul. Cela s'appelle *fritter*. Je pense que la première phase de la calcination des émaux, sans salpêtre, devait se passer ainsi. Quant aux trois ou quatre autres calcinations, il est évident qu'elles allaient jusqu'à la fusion ; et que, pour broyer la matière vitrifiée, après chacune de ces fusions, il n'y avait pas d'autre parti à prendre que de cueillir la pâte rouge dans le creuset, et de l'*étonner* dans l'eau ; ou bien de casser le creuset autant de fois pour en tirer le contenu, ce qui eût occasionné une perte considérable des substances. Il n'y aurait nécessité d'ajouter de nouveau salpêtre, après la première fusion, où l'on doit mettre « une quatrième partie de cette substance, « que si ce salpêtre était entièrement décomposé. Or, celui-ci se maintient dans l'émail, sans décomposition, tant que les métaux qui le colorent ne se désoxygènent pas, et si, dans la cuite précédente, il n'y a pas eu de métal revivifié, une nouvelle dose de nitre n'est pas indispensable ; un excès même pourrait compromettre la solidité ultérieure de l'émail.

Pour *luter* le creuset au blanc d'Espagne, ainsi que le recommandait Félibien, on en frottait tout simplement l'intérieur avec le doigt et un peu de blanc, de manière à ce que le creuset étant renversé et agité, il ne peut s'en détacher la moindre parcelle. Le mot *lut* n'est pas pris ici dans son acception naturelle. En chimie, on entend qu'un vase est luté quand il est enduit, à l'extérieur, d'une couche épaisse de la matière pâteuse qui compose le lut. Celui-ci préserve en effet les appareils qui doivent être exposés à un feu très-violent ; mais, dans l'espèce, le blanc d'Espagne aurait plutôt la propriété de faciliter la fusion, s'il était employé en quantité suffisante. L'indication qu'on donne « d'en frotter tout simplement le creuset » explique mieux son usage, c'est-à-dire qu'on ferme les ouvertures d'un vase trop poreux avec une substance qui, s'unissant à la matière du creuset, formera un vernis vitreux et s'opposera ainsi à l'imbibition de l'émail qu'on prépare dans l'épaisseur du vase qui sert à sa préparation.

Il semblera surprenant, au premier abord, de voir introduire un oxyde de plomb, tel que le minium, dans la pâte de l'émail, et l'on pourra penser que le plomb qui se revivifie si facilement doit en troubler la transparence. Il en serait ainsi, en effet, si ce métal était employé seul, et n'avait pas à côté de lui son correctif, le nitre où salpêtre. Le nitre, on le sait, active singulièrement la combustion quand il est projeté sur des charbons ardents. On croit qu'alors il brûle tout seul, avec cette étonnante vivacité ; c'est une erreur. Il brûle le charbon, et cela avec tant d'énergie, que la température de celui-ci est immédiatement portée au rouge le plus blanc. Le nitre, dans l'émail, joue le même rôle ; il brûle le plomb et l'empêche de se revivifier. Toutes les fois donc qu'un émail aura pris, pas l'effet du plomb, un œil noirâtre, on pourra corriger ce défaut à l'aide du salpêtre. A chaque calcination, on doit remettre de nouveau salpêtre, mais en en diminuant toujours la quantité.

Le minium se vitrifie très-facilement, et rend fusible l'émail dans la composition duquel on le fait entrer : c'est là son avantage ; mais il a l'inconvénient dont j'ai parlé plus haut, et, bien que le remède, c'est-à-dire l'adjonction du salpêtre, soit à côté du mal, en général il vaudrait peut-être mieux proscrire le plomb, si c'est possible, et composer pour les émaux proprement dits un fondant dans lequel il n'entrât point. Le borax calciné pourrait tenir lieu du minium : joint à la silice, il forme un verre très-fondant. En prenant la précaution de le bien calciner d'avance, on éviterait tous les boursouflements, résultat du dégagement des gaz, et tous les bouillonnements que la présence du borax non calciné ne manque jamais de déterminer dans les compositions où il se trouve.

Les recettes anglaises proscrivent l'emploi du minium dans le bleu. Elles le remplacent par un fondant formé de deux parties, verre bleu pilé, et une partie de borax ; et encore elles n'ajoutent ce fondant à l'émail que lorsqu'il est nécessaire de le rendre plus fusible.

Voici la composition ordinaire du bleu anglais :

Oxyde de cobalt	4 parties.
Flint glass pulvérisé, ou cailloux calcinés, cristal de roche (silice), etc.	9 parties.
Nitre	13 parties.

On broie le tout dans un mortier de porcelaine, et l'on fond deux ou trois fois, en pilant après chaque calcination, et en y ajoutant un peu de nouveau salpêtre. Les calcinations répétées rendent la couleur plus fusible, parce qu'elles produisent une plus parfaite digestion, une incorporation plus intime des éléments constitutifs ; il est bien entendu qu'une fois ce mélange parfait opéré, des fusions nouvelles ne rendraient pas l'émail plus tendre. On se donnerait une peine inutile. Il faut un feu très-violent pour faire ce bleu, et encore ne parvient-on pas à le rendre coulant ; aussi est-on obligé de cueillir, dans le creuset, la pâte gluante et incandescente, avec un instrument en fer, une sorte de cuillère, que l'on tourne comme le font les verriers pour prendre le verre au bout de leur tube : puis on la plonge dans un vase plein d'eau propre ; c'est ce qui s'appelait en vieux langage l'*étonner*.

Lorsqu'après deux ou trois calcinations, on ne trouve pas l'émail assez fusible, c'est le cas d'ajouter un peu de ce fondant (verre bleu pilé et borax), dont j'ai parlé précédemment.

Dans l'état actuel de l'industrie, le bleu anglais remplace

l'ancien bleu devenu d'une préparation trop difficile, puisqu'on ne trouve plus de safre dans le commerce. Il est donc plus simple de préparer de l'oxyde de cobalt avec le métal pur qu'on se procure. On fait dissoudre celui-ci dans l'acide nitrique étendu d'eau. Lorsque la dissolution est opérée, ce qui demande plusieurs jours, pendant lesquels il est bon d'exciter un peu le dissolvant à l'aide de la chaleur, on a une liqueur *rosée*, si le cobalt est de nature à produire le bleu ; c'est une condition indispensable pour le succès, condition que d'Arclais de Montamy avait reconnue dès le xviiie siècle. Si la liqueur est verte, le cobalt contient une notable quantité de cuivre, et l'on ne doit pas l'employer. Lors donc qu'elle est rose, on l'étend d'eau tiède, et l'on précipite l'oxyde qu'elle contient, en la saturant d'une dissolution de soude du commerce (sous-carbonate de soude). Le précipité brun, qui se forme, doit être lavé et séché au filtre. On l'emploie quand il est sec : c'est de l'oxyde de cobalt. Pour obtenir du peroxyde, il faudrait faire bouillir l'acide nitrique en contact avec le métal.

Pour en revenir aux émaux anciens, toutes les fois que leur préparation ne sera pas devenue impraticable, gardons-nous de vouloir les perfectionner. Ils sont assez beaux pour que la seule ambition permise soit de les imiter, et, réduite à ces limites, la tache du verrier est déjà difficile. Les plus remarquables que je connaisse sont ceux qu'a employés l'auteur d'un petit vitrail, possédé maintenant par M. de Saint-Remy, du Mans. Le musée archéologique en possède aussi des spécimens semblables. Le vitrail de M. de Saint-Remy, qui provient d'une vieille maison de la place de l'Église, à la Ferté-Bernard, a pour sujet l'allégorie de l'un des tempéraments admis par la médecine du xvie siècle, le *sanguin*. Le carton est de Martin de Vos ; l'exécution sur verre doit être d'un Courtois. Les émaux, quoique épais, sont parfaitement vitrifiés et limpides : on dirait du verre teint en masse et coulé à l'endroit précis où le ton a été appliqué. Le fondant doit y abonder, et, comme ils ont subi, dans leur préparation, plusieurs vitrifications complètes, ils ont acquis un degré de fusibilité presque égal à celui des autres couleurs : qualité inappréciable.

Dans les expériences qu'on peut tenter sur les émaux, les qualités qu'il faut chercher sont la fusibilité et la transparence. Il est toujours facile d'avoir des oxydes métalliques très-colorants et très-purs, la chimie nous en fournit de cette espèce ; mais on rencontre la difficulté sérieuse lorsque, avec ce principe colorant et un fondant convenable, on veut obtenir une couleur à la fois tendre et d'un beau ton. L'une des conditions pour la produire, c'est d'exposer la matière, pilée soigneusement, à un feu violent et soutenu. La chaleur d'un fourneau de chimie n'est pas très-convenable ; celle d'un four à briques ou à poteries est meilleure, j'en ai fait l'expérience ; de même que la peinture cuit beaucoup mieux dans un grand moufle que dans un petit. On prend un bon creuset de terre blanche (la terre noire, couleur de grès, est sujette à fondre) ; on lute en dedans et en dehors avec du blanc d'Espagne, on y dépose la poudre, de manière à ce qu'elle n'occupe que le tiers du creuset, parce que, se gonflant prodigieusement, elle passerait par-dessus les bords, et on l'expose au feu, comme une brique, en prenant la précaution de couvrir le creuset. Le fournier peut ne le mettre au feu que trente heures avant la fin de sa cuisson, et, de cette manière, lui épargner toute la fumée humide produite par le desséchement préalable des briques. Il peut aussi lui choisir, dans son fourneau, une place à l'abri de la violence de la flamme. Lorsque le pot est retiré du four, on trouve l'émail descendu au fond et parfaitement vitrifié. On casse, à petits coups de marteau, la terre du creuset devenue friable, et on nettoie le culot formé par la matière vitreuse, en le frottant sur un grès. Après une fusion aussi complète, l'émail a nécessairement acquis le maximum de fusibilité dont il est susceptible, et il serait tout à fait inutile de réitérer la même opération, dans l'espérance d'élever encore ce maximum.

Les éléments constitutifs des couleurs ainsi traitées sont toujours ceux que j'ai déjà indiqués ; cependant il ne serait

4

pas impossible qu'on reconnût que, dans les recettes anciennes, le principe colorant est généralement à dose trop forte.

Voici les proportions convenables pour le violet :

Poudre de cristal artificiel	7 parties.
Minium	2 —
Manganèse pulvérisé	1 —

Broyez soigneusement et longuement dans un mortier de porcelaine. Si vous ne trouviez pas l'émail assez coloré, augmentez un peu la dose de manganèse. Il faut bien choisir ce métal et prendre celui qui vient d'Allemagne ; il est très-dur et d'apparence métallique.

Pour l'émail vert, prenez :

Cristal artificiel en poudre	6 parties.
Minium	2 —
Cuivre oxydé	2 —

Broyez longtemps et fondez. Ce vert est légèrement bleuâtre. Dans les anciennes miniatures, il est *égayé* par une faible couche de jean-cousin, *ayant déjà servi*, appliquée derrière le verre. On a varié, par ce moyen, les nuances du paysage.

Pour le bleu, suivez la recette anglaise. Voici la préparation de l'émail lorsqu'on veut le réduire en poudre. Après que le culot a été bien débarrassé de toutes les parcelles de creuset qui étaient restées adhérentes, on en casse un fragment, que l'on broie moins fin que les couleurs de demi-fusion. On lave la poudre dans un verre à expérience, jusqu'à ce qu'elle soit pure de toutes les matières blanchâtres qui en salissent la surface. Cinq ou six lavages sont nécessaires ; puis on vide l'émail dans une assiette, et l'on achève d'écouler l'eau blanchâtre qui surnage au moyen d'une mèche de coton. Laissez sécher, et conservez dans un flacon bouché.

Avant d'abandonner la question de la composition des couleurs pour passer à leur mise en œuvre et à leur cuisson, il me reste encore à dire quelques mots sur le jaune, et à compléter les détails que j'ai donnés dans le chapitre précédent. Le jaune dont on se sert aujourd'hui, est un *chlorure d'argent*, obtenu en faisant dissoudre des grenailles d'argent dans de l'acide nitrique, et en précipitant par une dissolution de sel marin. Ce précipité blanc et floconneux, mêlé avec un récipient quelconque (c'est ordinairement de l'ocre rouge que l'on a fait calciner dans un creuset), est notre *jean-cousin*. On peut mettre 6, 8, 10 parties en poids de récipient contre une de principe actif, selon qu'on veut obtenir une couleur plus ou moins puissante. Les anciens se servaient du *sulfure d'argent*, et, pour le composer, ils stratifiaient des lamelles de métal avec de la fleur de soufre et du sel marin dans un creuset qu'on exposait au feu. Les Anglais ont un sulfure d'argent et d'antimoine qu'ils nomment *red-stain*, *rouge à teindre*, et dont ils se servent en effet pour produire, sur un verre blanc particulier, le rouge vif des verres teints en pâte. Le red-stain est formé de deux parties d'argent, deux de fleur de soufre et une d'antimoine, calcinés ensemble, puis mêlés à quatre parties de récipient. L'antimoine donne au jaune une couleur rousse qui pénètre plus profondément dans le verre que ne le fait le chlorure d'argent. Deux couches un peu épaisses de cette couleur, appliquées de chaque côté d'un verre fait *ad hoc*, donnent à une cuisson douce et prolongée, orangé roux : à un second feu vif, cette teinte passe au rouge sans qu'il soit besoin d'appliquer une nouvelle couche de préparation; la couleur qui a pénétré dans le verre au premier feu, se développant naturellement au second. Le verre anglais, préparé pour le red-stain, est le seul sur lequel se produise ce phénomène. Le vieux verre français, d'une nuance vert-bleu prononcé, le présente aussi en partie ; c'est-à-dire que le rouge s'y développe, mais dès le premier feu, sous deux couches : l'une en-dessus, l'autre en-dessous du verre ; au second feu, le rouge se trouble, et passe au brun opaque (1). Il faut de l'habitude et de la pratique pour réussir le rouge vif donné par le red-stain, cette nuance dépendant du

(1) Je tiens ces détails, dont j'ai expérimenté l'exactitude, de MM. Hucher et Vétillart fils, du Mans, qui ont étudié la technique anglaise, à Londres même, chez le verrier Crick.

verre d'abord, et beaucoup aussi de la cuisson, qu'il faut bien conduire. Il va sans dire que, pour les couleurs anglaises, on doit préférer un moufle et un fourneau à l'anglaise.

Je passe à la mise en œuvre des couleurs, à leur application sur le verre selon les anciens procédés. Pour fixer solidement ses couleurs, de manière à retoucher sans crainte, il faut y introduire, outre la gomme, un peu de borax, ou mieux tremper ses pinceaux dans une dissolution très-faible de borax avant d'y mettre de la couleur. Si vous avez à coucher un à-plat et à travailler par-dessus, prenez le balai ou pinceau *ad hoc*, imbibez-le d'eau de borax, et, avec la couleur à la gomme que vous avez dans un gobelet, fermez le ton tel que vous le désirez. Appliquez-le. L'à-plat étant parfaitement sec, prenez deux pinceaux, l'un imbibé d'eau de borax seule, l'autre de couleur et d'eau de borax, formant le ton convenable pour peindre. Mouillez légèrement, avec votre premier pinceau, l'endroit où vous voulez travailler ; appliquez la couleur avec le second, et blaireautez promptement, de manière à fondre la teinte. Vous obtiendrez ainsi des tons aussi doux, aussi fins, aussi dégradés que dans un lavis. Il ne faut pas vouloir terminer complétement le même endroit, de suite et sans interruption ; on ne tarderait pas à enlever ainsi toutes les couches appliquées, y compris l'à-plat, parce que la couleur sèche se dissoudrait elle-même sous l'application trop prolongée de nouvelles couches humides. Mais lorsque votre coup de pinceau est blaireauté, passez à un autre endroit, et n'y revenez que lorsque la peinture est parfaitement sèche. Lorsque le pinceau est devenu inutile, on prend le poinçon et la brosse rude, et l'on termine par les *enlevés en clair*.

Il y a vingt manières différentes d'arriver au même résultat ; on perfectionne sa méthode par la pratique et l'habitude. Celle que j'indique n'est, sans doute, pas la seule bonne : cependant on peut reproduire exactement, avec elle, les miniatures des artistes du xvie siècle, en imiter la douceur et l'harmonie : c'est là son avantage.

La couleur fixée à l'aide du borax étant très-solide (1), il est facile, lorsqu'on a achevé la grisaille du sujet, en s'y prenant de la manière indiquée précédemment, d'enluminer cette grisaille. Il n'est pas nécessaire, pour appliquer les émaux et le rouge, de faire cuire une première fois ou de travailler sur l'autre surface du verre. Le rouge émail se couche très-bien en à-plat sur les ombres, de même que les émaux proprement dits. Pour ces derniers, on sait déjà qu'ils ne s'appliquent point au pinceau, mais qu'on en laisse tomber une goutte sur l'endroit à teinter, après avoir pris la précaution d'emboire d'eau de lavis (2), exactement et d'une manière très-précise, la surface de l'objet que l'on veut colorer en bleu, en vert ou en violet. Voyez du reste, pour plus de détails, le passage du chapitre dans lequel le même sujet est traité plus longuement. Je renvoie également à cette première partie pour ce qui regarde la cuisson ; j'ajouterai néanmoins quelques mots à ce que j'ai dit sur ce point essentiel de la peinture sur verre.

Je suis convaincu que les vieux verriers ne retouchaient point et ne cuisaient qu'une fois la même pièce. Tout me le prouve. D'abord Levieil ne paraît pas soupçonner qu'il ait pu venir à l'idée des artistes de peindre à deux fois, et d'exposer doublement leurs œuvres à l'action incertaine et dangereuse du feu. En second lieu, les artistes de la renaissance donnaient leurs vitraux à trop bon marché, pour ne pas les terminer du premier coup. Enfin, l'examen de ces mêmes vitraux fait cons-

(1) L'usage du borax était général au xvie siècle : Voy. *Art. de la verrerie de Kunckel*, p. 329, cité par d'Arclais de Montamy.» On voit dans l'ancienne « manière de peindre sur le verre qu'on délayait les couleurs avec de l'eau « dans laquelle on avait fait dissoudre du borax, etc. Suivant Levieil, les « peintres anciens lorsqu'ils voulaient faire usage de leurs couleurs, qu'ils « tenaient soigneusement enfermées, les délayaient avec plus ou moins d'eau « dans laquelle on avait fait dissoudre du *borax*, comme il se pratique « parmi les orfévres, etc. »

(2) Par eau de lavis on entend l'eau gommée et légèrement teintée qui couvre la couleur préparée, et l'empêche de sécher. « Le lavis de noir sert « pour la première ombre et la demi-teinte. » (Félibien, page 258). — Ici, c'est du lavis d'émail qu'il est question.

tater que toutes les couleurs et les émaux eux-mêmes se sont *parfondus* ensemble. Les miniatures, les carnations des verrières des églises, tout, en un mot, dans les tableaux des peintres du XVIe siècle et du XVIIe, a trop de transparence, est trop franc de ton pour avoir subi plusieurs retouches et plusieurs cuissons, dont le nombre est toujours en raison inverse de la transparence des vitraux.

Je pose donc en principe ce que, du reste, l'expérience démontre non-seulement au point de vue de l'économie, mais surtout au point de vue de la valeur de l'œuvre, que la peinture sur verre ne doit cuire qu'une fois. Pour cela, il faut nécessairement terminer au premier coup. Or, pour obtenir ce résultat, la méthode ancienne est la plus sûre, la meilleure, et, dans l'état actuel des choses, je dirai presque la seule bonne. Il en est de même de la cuisson, pour laquelle je préfère les anciens procédés. Au reste, il faut être conséquent ; et, selon l'expression d'Horace, la fin doit répondre au commencement. Pour cuire les couleurs des anciens, le vieux système est seul convenable.

J'ai déjà décrit le procédé de Kunckel, cité par Levieil. Je l'ai expérimenté sur une très-faible échelle, et cependant l'épreuve a été satisfaisante. Pour faire cet essai, on peut se servir d'une petite boîte en tôle, sans couvercle, formant un rectangle d'environ 25 centimètres sur 35. Mettez, au fond, une première couche de blanc d'Espagne et de verres sans valeur, de fragments inutiles, puis un nouveau lit de verres sacrifiés, les deux lits formant une épaisseur totale d'environ 3 centimètres. Sur cette masse destinée à amortir l'action trop vive et trop directe au feu, stratifiez, sur du blanc d'Espagne bien pulvérisé et séché, les sujets peints, en commençant par ceux pour lesquels vous vous êtes servi d'émail bleu, le plus dur à cuire. Achevez de remplir la poêle, après y avoir entassé tout votre verre peint, avec du blanc d'Espagne, et plantez, à chacun des angles, deux bandes de verre blanc de 2 centimètres de largeur sur 7 ou 8 de hauteur ; l'une de verre

ancien (vert-bleu), et l'autre de verre moderne. Assujettissez-
bien, tout droit, ces bandes ou *gardes*, ainsi que les nommaient
les anciens. Ces opérations terminées, en prenant toutes les
précautions nécessaires, et en n'employant que du blanc d'Espagne ayant déjà passé au feu et parfaitement sec (ce qui est
essentiel), on place la moufle sur les barres du fourneau, cons-
truit selon les prescriptions de Kunckel, c'est-à-dire en ména-
geant 6 pouces de hauteur entre la grille du cendrier et la
moufle, 2 pouces d'intervalle entre les parois du moufle et
celles du fourneau, 6 pouces entre le haut du moufle et la
partie supérieure du fourneau, qui se couvre avec des tuiles ou
des briques supportées par des barres de fer : on ne réserve
que quatre ouvertures à cette calotte, une à chaque angle, de
2 pouces au plus de largeur. Le fourneau étant bien couvert,
et les briques de la couverture lutées avec de la glaise mêlée
de sable, allumez de la braise de boulanger, disposée sur la
grille en assez grande quantité, et laissez-la s'enflammer seule
par degrés ; puis, quand cette masse est tout incandescente et le
fourneau parfaitement échauffé, augmentez le feu avec des
fragments menus de sapin sec. Au bout d'une heure, poussez
le feu jusqu'à ce que vous aperceviez les gardes de verre
moderne s'affaisser sous l'action de la chaleur, et se placer
sous les parois de la moufle, dont ils prennent la forme. Les
gardes de vieux verre restent encore parfaitement verticales.
La couleur noire des sujets peints doit être cuite. Bientôt les
dernières gardes fléchissent un peu : cessez alors le feu, et
retirez ce qu'il y a encore de gros bois non brûlé sur la grille
du ofyer. Le blanc, qui remplit le moufle, vous semble
liquide, et il s'en détache des étincelles : la cuisson est ter-
minée. Le lendemain, vous verrez qu'elle a réussi. Le rouge
émail est assez solide, le bleu bien cuit et aussi transparent
qu'il est susceptible de le devenir, et, bien que vous n'ayez pas
pris la précaution de ménager un vide au-dessus de cet émail,
sa surface, en se vitrifiant, n'aura point contracté de souillure
au contact du blanc qui la couvrait.

Je n'ai pas besoin d'ajouter que, si une épreuve tentée avec un appareil de dimensions aussi faibles est susceptible de réussir, l'essai en grand donnerait des résultats bien plus satisfaisants encore.

Je ne développerai pas davantage cet aperçu sur la méthode des anciens. Je n'ai point la prétention de faire ici un cours complet de peinture sur verre, et je me suis adressé, en dernier lieu, à ceux qui la connaissent déjà plus particulièrement qu'à ceux qui sont étrangers à cet art. Les premiers trouveront sans doute, dans cette note, assez de jalons sur la route tracée par leurs devanciers pour la suivre, sans s'en écarter, en supposant qu'ils aient quelque tendance à s'y engager. Je me suis proposé avant tout d'exciter leur curiosité et d'attirer leur attention sur les ouvrages peints ou écrits du vieux temps. Qu'ils en étudient les monuments, qu'ils consultent Félibien et Levieil ; l'expérience, le meilleur guide avec eux, fera le reste.

Extrait du Bulletin de la Société d'Agriculture, Sciences et Arts de la Sarthe.)

Le Mans. — Imprimerie Monnoyer. — Décembre 1860.

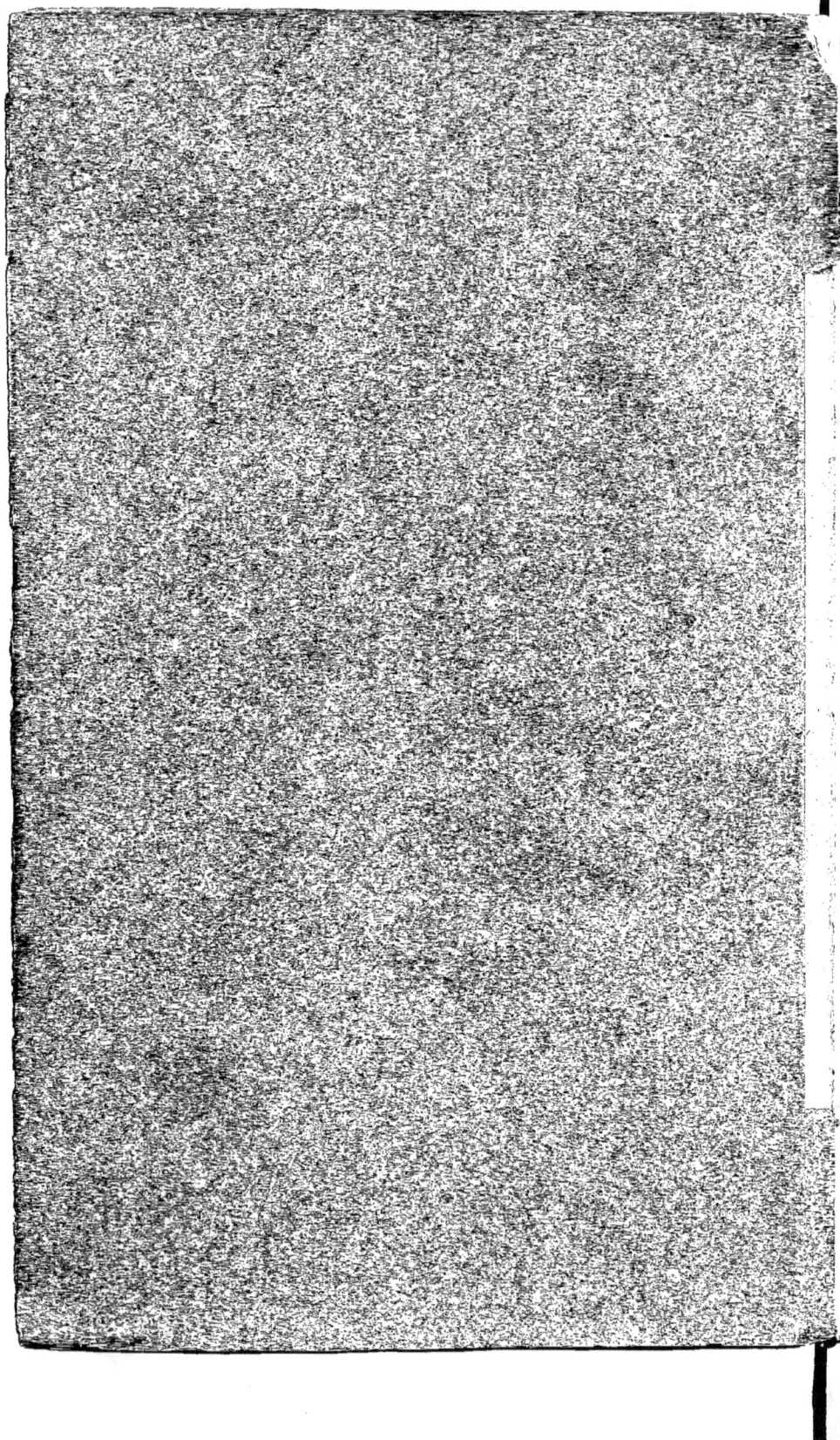

www.ingramcontent.com/pod-product-compliance
Lightning Source LLC
LaVergne TN
LVHW022030080426
835513LV00009B/947